LUDOVICUS II.
BAVARIAE REX
MDCCCLXV

Michael Petzet · Werner Neumeister

Ludwig II.
und seine Schlösser

Die Welt des Bayerischen Märchenkönigs

Prestel
München · Berlin · London · New York

Auf dem Einband

Vorderseite: Schloss Neuschwanstein mit dem dahinter liegenden Alpsee, © Foto Gerold Jung, Ottobrunn;
Vignette: Wilhelm Taubner, Porträt Ludwig II. in Offiziersuniform, 1864, Ludwig II.-Museum, Schloss Herrenchiemsee, © Archiv der Bayerischen Verwaltung der Staatlichen Schlösser, Gärten und Seen

Rückseite: Schloss Linderhof, Schloss Herrenchiemsee, © Archiv der Bayerischen Verwaltung der Staatlichen Schlösser, Gärten und Seen; Königshaus Schachen, © Foto Thomas Peter Widmann, Regensburg

Tafel 1: Syrius Eberle, Nereide mit der Königskrone, Schlittengestellt des kleinen Galawagens, vgl. Taf. 27

Tafel 2: Ferdinand Piloty, König Ludwig II. in Generalsuniform mit Krönungsornat, 1865, König-Ludwig II-Museum, Schloss Herrenchiemsee

Seite 5: Franz Seitz, Entwurf zur Bekrönungsgruppe auf dem Kasten des großen Galawagens, 1872

Die Deutsche Bibliothek verzeichnet diese Publikation in der Deutschen Nationalbibliografie;
detaillierte bibliografische Daten sind im Internet unter http://dnb.ddb.de abrufbar.

Prestel Verlag
Königinstraße 9
80539 München
Telefon 089/38 17 09-0
Telefax 089/38 17 09-35
www.prestel.de

Einbandgestaltung: Lachenmann Design, Unterhaching
Gestaltung: Eugen Sporer
Lithographie: Meyle + Müller, Pforzheim; Brend'amour Simhart + Co, München
Druck und Bindung: Passavia, Passau

Printed in Germany
ISBN 3-7913-3509-X

Inhalt

1 Caspar Clemens Zumbusch, Marmorbüste König Ludwigs II., 1864.

König Ludwig II. *und seine Welt*

König Ludwig II. ist der Inbegriff der letzten glanzvollen Epoche bayerischer Geschichte, die über Jahrhunderte hin Geschichte des Hauses Wittelsbach war. Seine von Millionen von Touristen besuchten Schlösser sind Höhepunkte der historistischen Architektur des 19. Jahrhunderts, geprägt von der einzigartigen Persönlichkeit des bayerischen ›Märchenkönigs‹, der, anders als die Bauherren früherer Jahrhunderte, im Zeitalter des Historismus nicht nur den Standort und das Thema, sondern auch den Stil seiner Bauten bestimmen konnte, ja aufgrund seiner eigenen Konzeption den Künstlern Anweisungen erteilen ließ, die jeweils bis ins kleinste Detail gehen. In diesem Sinn war König Ludwig II. Bauherr und Schöpfer zugleich, in der langen Reihe seiner Vorfahren aus dem Haus Wittelsbach sicher einer der größten Bauherrn und zugleich der bedeutendste Theaterfürst, dessen Werke durch die Wechselbeziehung zum Theater – von Neuschwanstein zu den Opern Wagners, von Linderhof, Herrenchiemsee und den ›orientalischen‹ Bauten zu den berühmten Münchner ›Separatvorstellungen‹ – ihre besondere Note erhalten.

In diesem Sinn versuchen auch die farbigen Bildserien dieses Buches die Schlösser König Ludwigs II. nicht im Rahmen der üblichen ›Führungslinien‹ einer Touristenattraktion zu ›besichtigen‹, sondern sie als Bühne eines königlichen Lebens zu begreifen. Hier, in der Spiegelgalerie von Herrenchiemsee oder im Sängersaal von Neuschwanstein, in der Venusgrotte von Linderhof, in der Hundinghütte und in all den anderen nach seinen Vorstellungen vollendeten oder nur geplanten Schauplätzen wird der ›einsame König‹, der sich mehr und mehr von der Welt zurückzog, gewissermaßen als sein eigener Regisseur, als Zuschauer und Hauptdarsteller zugleich faßbar: ein keinen Widerspruch duldender Regisseur, der immer wieder neue, mit bestimmten historischen Persönlichkeiten und Begebenheiten verbundene Schauplätze in Szene zu setzen befahl, ein im Grunde nie befriedigter Zuschauer, der immer wieder neue Schauplätze erleben wollte (und daher den kaum vollendeten Projekten ständig neue Projekte folgen ließ), ein Hauptdarsteller, der in immer neuer Kostümierung auftreten konnte – Ludwig als Lohengrin, Siegfried, Parsifal, Ludwig als Louis XIV. oder Louis XV., Ludwig als Oberon.

Diese verschiedenen ›Rollen‹ des Königs aber spielen in drei völlig verschiedenen Welten. Die vom Schwan, dem Lieblingstier des Königs, beherrschte ›mittelalterliche‹ Welt ist nach der für die künstlerischen Bestrebungen des Königs grundlegenden Begegnung mit Richard Wagner eins mit der Welt der Wagnerschen Opern. Daneben steht scheinbar völlig unvereinbar die im Zeichen der Sonne, dem Symbol des Sonnenkönigs, und der Lilie stehende Welt der Bourbonen und die Welt des ›Orients‹ – zwei Welten, in denen der Pfau, der zweite Lieblingsvogel des Königs, zuhause ist. Unter dem Gesichtspunkt dieser drei, das Weltbild des Königs bestimmenden Stoffkreise, die sich auch mit den Überschriften Gral, Sonne und Mond umschreiben lassen, sind alle im folgenden dargestellten künstlerischen Unternehmen des Königs zu sehen: Im Zeichen des Grals ›mittelalterliche‹ Burgen wie Neuschwanstein und Falkenstein, im Zeichen der Sonne Bauten im Stil des Spätbarock und Rokoko wie die Königswohnung in der Residenz München, die ›Königliche Villa‹ Linderhof und Herrenchiemsee, das neue ›Versailles‹, im Zeichen des Mondes Bauten im orientalischen Stil wie die ›Berghütte‹ auf dem Schachen und der Maurische Kiosk von Linderhof. Auf zwei dieser Symbole beruft sich der König selbst in seinem Tagebuch: »... im Zeichen der Sonne (Nec pluribus impar!) und des Mondes (Orient! Wiedergeburt durch Oberons WunderHorn.)«[1]

2 Königin Marie und König Maximilian II. mit den Söhnen Ludwig und Otto in Hohenschwangau, Lithographie von Erich Correns, um 1850.

3

Ludwigs Kindheit

Aus den Aufzeichnungen der Königin Marie: »Ludwig hörte mit Freuden zu, wenn ich ihm biblische Geschichte erzählte und Bilder dazu zeigte. Besonders die Geschichte der Samariterin sprach ihn an und die Sonntagsevangelien. Er hatte eine Vorliebe für die Frauenkirche in München, kostümierte sich gern als Klosterfrau, zeigte Freude am Theaterspielen, liebte Bilder und dergleichen, hörte gern vorlesen und Geschichten erzählen und schenkte von Kindheit an gern anderen von seinem Eigentum, Geld und Sachen.«

Ludwig I. an Otto von Griechenland: »Bei der Christbescherung 1852 bekam ... Ludwig das Siegestor aus Baustein-Holzen, das er errichten kann. Zu bauen liebt er, vorzüglich, überraschend, mit gutem Geschmack sah ich Gebäude von ihm aufgeführt. Ich erkenne auffallende Ähnlichkeit im künftigen Ludwig II. mit dem politisch-toten Ludwig I., auch in seiner Anhänglichkeit an seine Erzieherin finde ich mich wieder.«

5

4

6

3 Prinz Ludwig mit Bilderbuch
Aquarell von Ernst Rietschel, 1847.

4 Zeichnung von Kronprinz Ludwig, datiert 8. März 1861.

5 Königin Marie mit ihren Söhnen Ludwig und Otto beim Füttern der Schwäne.

6 Prinz Ludwig mit Trommel und Baukasten, Aquarelle von Ernst Rietschel, 1850.

Ludwig II. *und Richard Wagner*

»Und wenn wir Beide längst nicht mehr sind«, schreibt 1865 der junge König, »wird doch unser Werk noch der späteren Nachwelt als leuchtendes Vorbild dienen, das die Jahrhunderte entzücken soll, und in Begeisterung werden die Herzen erglühen für die Kunst, die gottentstammte, die ewig lebende!«[2] Tatsächlich wird der Name Ludwigs II. mit dem Triumph des Wagnerschen Werkes, mit der Schöpfung des Tristan, der Meistersinger, des Ringes und des Parsifal wie auch mit den Bayreuther Festspielen immer verbunden bleiben.

Der am 25. August 1845 in Nymphenburg geborene Prinz hatte schon als Zwölfjähriger Wagners Schriften ›Das Kunstwerk der Zukunft‹ und ›Zukunftsmusik‹, die er bei Herzog Max in Bayern auf dem Klavier entdeckte, studiert und kannte bald die damals bereits publizierten Dichtungen Wagners auswendig. Als Ludwig im März 1864 mit 18 Jahren den bayerischen Thron bestieg, befand sich Wagner wieder einmal auf einer verzweifelten Flucht vor seinen Gläubigern. »Ein gutes, wahrhaft hilfreiches Wunder muß mir begegnen, sonst ist's aus«, schrieb er an seinen Freund Peter Cornelius[3], und tatsächlich erreichte ihn das ›Wunder‹ am 2. Mai in Gestalt des königlichen Kabinettssekretärs Pfistermeister, der ihn nach langer Irrfahrt in Stuttgart ausfindig gemacht hatte. Aus Stuttgart schrieb Wagner an den König jenen ersten Brief, der die fast 600 Briefe und Telegramme umfassende Korrespondenz der beiden Freunde einleitet: »Theurer huldvoller König! Diese Thränen himmlischester Rührung sende ich Ihnen, um Ihnen zu sagen, dass nun die Wunder der Poesie wie eine göttliche Wirklichkeit in mein armes, liebebedürftiges Leben getreten sind! – Und dieses Leben, sein letztes Dichten und Tönen gehört nun Ihnen, mein gnadenreicher junger König: verfügen Sie darüber als über Ihr Eigenthum!«[4]

Einen Tag nach der ersten, für beide unvergeßlichen Zusammenkunft in der Münchner Residenz am 4. Mai 1864 erhielt Wagner den ersten Brief des Königs: »... Seien Sie überzeugt, ich will Alles thun, was irgend in meinen Kräften steht, um Sie für vergangene Leiden zu entschädigen. – Die niedern Sorgen des Alltagslebens will ich von Ihrem Haupte auf immer verscheuchen, die ersehnte Ruhe will ich Ihnen bereiten, damit Sie im reinen Aether Ihrer wonnevollen Kunst die mächtigen Schwingen Ihres Genius ungestört entfalten können! – Unbewußt waren Sie der einzige Quell meiner Freuden von meinem zarten Jünglingsalter an, mein Freund, der mir wie keiner zum Herzen sprach, mein bester Lehrer und Erzieher. – Ich will Ihnen Alles nach Kräften vergelten! – O, wie habe ich mich auf die Zeit gefreut, dieß thun zu können! – Ich wagte kaum die Hoffnung zu nähren, schon so bald im Stande sein zu können, Ihnen meine Liebe zu beweisen.«[5]

7

7 Kronprinz Ludwig 1863, Photographie von Joseph Albert.

8 Richard Wagner, aquarellierte Photographie von Joseph Albert 1864, Geschenk des Komponisten an den König mit eigenhändiger Beschriftung: »So giebst nur Du die Kraft mir, Dir zu danken,/ durch Königlichen Glauben ohne Wanken./Richard Wagner«, der Schluß des Gedichtes ›An meinen König‹, das Wagner Ludwig II. am 16. September 1864 widmete.

9 Ludwig II. 1864, Photographie von Joseph Albert. Die Aufnahme entstand in Schloß Hohenschwangau, wo Richard Wagner den König anläßlich seines 19. Geburtstags am 25. August 1864 besuchte.

8

9

Wagner, der sich in der Nähe des Königs niederläßt, erst im Pelletschen Landhaus bei Berg, später in der Brienner Straße in München, ist von der ungewöhnlichen Erscheinung des jungen Königs bezaubert – »er ist leider so schön und geistvoll, seelenvoll und herrlich, daß ich fürchte, sein Leben müsse wie ein flüchtiger Göttertraum in dieser gemeinen Welt zerrinnen«[6] – und versteht es seinerseits, den König völlig für sich gefangen zu nehmen – »Ich lese ihm jetzt meine Dichtungen vor: über Alles ihm unklar gebliebene sucht er eifrigst Belehrung, mit Innigkeit und herrlicher Fassungsgabe; seine Theilnahme ist oft erschütternd: seine wunder schöne Physiognomie wird tiefster Schmerz u. höchste Freude, je nach dem ich sein Gemüth stimme.«[7] Dabei scheint nach einem Bericht des Legationssekretärs Leinfelder vor allem der Dichter und nicht der Komponist Wagner den König gewonnen zu haben: »Glaube doch nicht, daß es die Musik gewesen ist, welche das jugendliche Gemüt des Prinzen für Wagner begeisterte. Allerdings hatte sie eine wahrhaft dämonische Wirkung auf ihn, aber keine angenehme. Sie legte sich eher schmerzhaft auf seine Nerven und in manchen Momenten steigerte sich die Empfindung in das geradezu Krankhafte ... Der Komponist hätte ihn niemals erobert, es war der Dichter, welcher das träumerische Gemüt des jungen Prinzen in Bande schlug.«[8] Über das musikalische Verständnis des Königs läßt sich kein sicheres Urteil abgeben. Anläßlich einer geplanten ›Privataudition‹ soll Wagner einmal gesagt haben, »es sei ein Unsinn, seine Sachen mit Klavier im Theater und – im Frack einem Menschen vorführen zu wollen, der ganz unmusikalisch und nur mit einem poetischen Gemüt begabt sei.«[9] Ludwigs überwiegend »poetisches Gemüt«, das sich gern mit Inszenierungsproblemen, Bühnenbild und Kostümen des Wagnerschen Gesamtkunstwerkes beschäftigte, wußte jedenfalls auch mit der konzertanten Vorführung von Bruchstücken aus Wagners Werken bestimmte Bildvorstellungen zu verbinden, wie der unmittelbar unter dem Eindruck einer von Wagner im Residenztheater dirigierten ›Privataudition‹ geschriebene Brief beweist: »Wo bin ich? ... Ich sehe Walhalls Wonnen; o zu Siegfried, zu Brünhilde! – Welcher Strahlenglanz über Tristan's Leiche! ... himmlisches Leben – zu Ihnen zu schweben! ... Wonne = Weben! ... Und dort der Gottgesandte ... Lohengrin! ... Vom Himmel naht alljährlich eine Taube ... Tannhäuser, befreit von allem Irdischen. Die Liebe erlöst den Sünder! – O, sie kann Alles! – Hinauf zu Euch! – ... Das Wort ist arm, kann nichts schildern. – O so kann ich nur schreiben: In Dir Alles, außer Dir – Nichts! schal u. öde!«[10]

Über einen Besuch in Schloß Berg zu einer Abschiedsaudienz beim König im Oktober 1871 berichtet Robert von Mohl: »Da wir auf Abfahrt drängten, um den letzten Zug in Starnberg nicht zu versäumen, so wurde kurzerhand auf die Station telegraphiert, daß der Zug – wohlbemerkt ein öffentlicher – auf uns zu warten habe. Ich durfte mich nicht zu den Ministern in ihren Wagen setzen; es sei Befehl des Königs, mich in einem nur für mich bestimmten Wagen zu fahren. – Während des Wartens sah ich mir, so gut es anging, die Zimmer in dem ersten Stockwerke des Schlosses an. Ich fand sie sehr einfach, keine oder nur unbedeutende und sehr gemischte Kunstgegenstände, altes Mobiliar. In den Gängen und Vorplätzen trieb sich allerlei Hausgesinde, Bediente, Küchenjungen, Zimmermädchen, in sehr wenig gewählter Kleidung umher; das ganze Haus roch sehr unangenehm nach photographischen Agenzien. Kurz, die Mischung von königlicher Haltung, von klösterlicher Absperrung und von unordentlicher Junggesellenwirtschaft war höchst merkwürdig. In diesen Zuständen aber lebte der junge Herr während wenigstens drei Vierteilen des Jahres, völlig allein, ohne einen Menschen zu sehen als seinen Kabinettssekretär.«

10 Ludwig II. bei der Morgenpromenade im Park von Schloß Berg, Aquarell von Ludwig Quaglio, 1865.

11

12

11/12 Schloß Berg, Salon und Arbeitszimmer Ludwigs II. nach alten Photographien vor der Erneuerung des inzwischen außen und innen völlig veränderten Schlosses. Die Wohnräume in dem noch von seinem Vater Maximilian II. 1849-51 im neugotischen Stil umgestalteten Schloß Berg (vgl. auch Abb. 219), wo Wagner häufig zu Gast war, richtete sich der König mit Erinnerungsstücken an die Welt der Wagnerschen Opern ein: Gemälde von Eduard Ille (Abb. 88) und Heinrich und August Spieß mit den den Opern zugrundeliegenden Sagen, Marmorstatuetten der Helden Tannhäuser, Lohengrin, Tristan usw. von Caspar Clemens Zumbusch (1865/67). Der König schenkte Richard Wagner Kopien dieser Marmorstatuetten, die später in der Villa Wahnfried in Bayreuth Aufstellung fanden.

Wagners Münchner Mustervorstellungen

Als erste ›Mustervorstellung‹ in der Hofoper stellte Wagner, der selbst die Inszenierung und zuletzt, statt Musikdirektor Lachner, auch die musikalische Leitung übernommen hatte, seinem König den Fliegenden Holländer vor. Die erste Aufführung des ›Holländer‹ vom 4. Dezember 1864, durch die sich Wagner beim Münchner Publikum mit großem Erfolg einführte, ist nach der Dresdener Uraufführung in der Geschichte der Holländer-Inszenierungen des 19. Jahrhunderts von grundlegender Bedeutung. Zugleich war sie das einzige große Ereignis des Münchner Opernspielplans von 1864, den der König unter dem Eindruck der bevorstehenden Premiere reformieren wollte: »Meine Absicht ist, das Münchener Publikum durch Vorführung ernster, bedeutender Werke, wie die des Shakespeare, Calderon, Goethe, Schiller, Beethoven, Mozart, Gluck, Weber in eine gehobenere, gesammeltere Stimmung zu versetzen, nach und nach dasselbe jenen gemeinen, frivolen Tendenzstücken entwöhnen zu helfen, ... indem ich ihm zuerst die Werke anderer bedeutender Männer vorführe; denn von dem Ernste der Kunst muß alles erfüllt werden.«[11]

Das folgende Jahr brachte trotz einer in Oskar von Redwitz' Artikel ›Richard Wagner und die öffentliche Meinung‹ *(Augsburger Allgemeine Zeitung)* gipfelnden Pressekampagne, die sich vor allem an Wagners Verschwendungssucht entzündet hatte, mit der Uraufführung von ›Tristan und Isolde‹ einen neuen Höhepunkt im Leben des Komponisten. Mit dem eigens durch Vermittlung Ludwigs beim Sächsischen König von der Dresdener Oper geholten idealen Sängerpaar Ludwig und Malwine Schnorr von Carolsfeld konnte Wagner endlich ein Werk ins Leben rufen, das in

13

15

14

Wien nach langen Proben als unaufführbar aufgegeben worden war. In einem offenen Brief an seinen Freund Uhl forderte er seine verstreuten Anhänger auf, sich in München zu den Tristan-Aufführungen zu versammeln, die als eine Art Festspiele »dem Charakter der gewöhnlichen Theateraufführungen entrückt« sein sollten[12]. Als bei einer Probe die Erweiterung des Orchesters auf Kosten der Sperrsitze besprochen wurde, tat der Dirigent der Uraufführung, Hans von Bülow, die undiplomatische Äußerung, »was liegt daran, ob 30 Schweinehunde mehr oder weniger hereingehen«. Die Entrüstung der Münchner hatte sich kaum gelegt, als die für den 15. Mai angesetzte Premiere zum Entsetzen des Königs und der aus ganz Europa angereisten Wagner-Enthusiasten und Pressekorrespondenten wegen »plötzlich eingetretener Heiserkeit« der Frau Schnorr von Carolsfeld abgesagt werden mußte. Die allgemeine Stimmung in der Residenzstadt gibt ein Brief Josephine Kaulbachs wieder: »Was soll ich Ihnen noch erzählen? von unsern Freunden? oder von der Zukunftsmusik, oder von den Schweinehunden des Herrn von Bülow? Die letztere Geschichte hat eine größere Bedeutung angenommen, wie man sich's erwartete; seit der Lola-Geschichte waren die Münchner nicht mehr so in Wuth ... ich sage Ihnen, es ist toll, wie das hier getrieben wird, für und gegen Wagner. – Die Fama wächst zu einem hundertköpfigen Ungeheuer, der Wagner-Cultus wird zu einem Ekel; der junge König an der Spitze tauft alles, was ihn umgibt, in Tristan und Isolde um.«[13]

Endlich am 10. Juni brach nach der Genesung ›Isoldes‹ der ›Tristan-Tag‹ an, der zu einem Triumph Wagners wurde, der seinem Beschützer vor der zweiten Aufführung schrieb: »O, mein König! Es ist Ihrer, es ist Ihr Werk! Ich hab' keinen Theil mehr daran ... Doch – Eines ist gewonnen! Dieser wunderliche Tristan ist – vollendet ... Was Wir ... mit dieser

16

13 Ludwig Schnorr von Carolsfeld als Tristan der Münchner Uraufführung am Steuer des Schiffes, kolorierte Photographie von Joseph Albert, 1865, aus dem Besitz Ludwigs II.

14 Malwina Schnorr von Carolsfeld als Isolde im ›zeltartigen Gemach‹ des 1. Aufzugs, kolorierte Photographie von Albert als Gegenstück zu Abb. 13.

15 Tristan und Isolde, Modell zum 1. Aufzug (›Verdeck eines Schiffes‹) der Uraufführung vom 10. Juni 1865. Das Modell wurde von Angelo II Quaglio für Ludwig II. angefertigt.

16 Michael Echter 1868, Szenenillustration nach der Uraufführung von 1865, 3. Aufzug, 3. Szene, Isolde: »In des Wonnemeeres wogendem Schwall, in der Duftwellen tönendem Schall, in des Weltatems wehendem All – Ertrinken – versinken – unbewußt – höchste Lust!«

Vollendung leisteten, werden Sie einstens noch ermessen! Ich sage es kühn: Unsrem Tristan, wie er heute wieder ertönen und erbeben wird, ist nichts Gleiches dieser Art an die Seite zu setzen.«[14] Das Echo auf die vier denkwürdigen Münchner Tristan-Vorstellungen (Gesamtkosten für die Hofkasse 56 500 Gulden) reicht in der Presse von den Hymnen der Wagnerianer – »das schönste und erhabenste Werk, welches die Welt besitzt« (August Röckel in der *Frankfurter Rundschau*) – bis zu den Injurien der bayerischen Provinzblätter – »Musik ein Tollsinn, Text ein Unsinn, das Ganze ein Irrsinn« *(Der Volksbote)*. Allgemein war die Überzeugung, daß es sich, im negativen oder positiven Sinn, um ein epochemachendes Ereignis handelte. Die erstaunliche Haltung des Königs hebt besonders der *Progrès de Lyon* hervor: »Ich habe nie einer Oper beigewohnt, welche die Aufmerksamkeit so schnell erschöpft, welche eine so ungeheure Geistesanspannung erheischt ... man muß dem jungen König Gerechtigkeit widerfahren lassen: ohne ihn wäre die Aufführung nie zustande gekommen. Er hat mit aller Energie dazu gedrängt und Wagners Triumph ist wahrhaft der seinige. Die Haltung des Königs während der fünf Opernstunden war ebenfalls eine Merkwürdigkeit des Schauspiels. Seien Sie überzeugt, dieser junge Fürst wird von sich reden machen. Ein zwanzigjähriger König, freisinniger als seine Opposition, welche er anspornt, und vor den höchsten Problemen der Kunst nicht zurückscheuend, ist eine seltene Erscheinung in der Geschichte.«[15]

Die Tristan-Aufführungen hatten ein merkwürdiges Nachspiel in dem Wagner zutiefst erschütternden Tod des Hauptdarstellers Schnorr von Carolsfeld in Dresden. Durch seinen Tod verschwand die Lieblingsoper des Königs für einige Jahre vom Spielplan und wurde erst 1869 mit dem Ehepaar Vogl wiederaufgenommen. Anläßlich einer späteren Aufführung unter Bülows Leitung schrieb der König an Wagner: »War die letzte Vorstellung von Tristan und Isolde natürlich mit jener unvergeßlichen des Jahres 65 in keiner Weise zu vergleichen, so hat es mir doch eine hohe, unbeschreibliche Freude gewährt, dieses Werk, das mir das theuerste von allen ist, die mir bis jetzt von Ihnen bekannt sind, endlich wieder mit zu durchleben; es ist wie für mich geschaffen, schlägt die verwandtesten Saiten in meiner Seele an! – Ein Sehnen hin zur heil'gen Nacht! ...«[16]

Am Ende des ›Tristan-Jahres‹ 1865 glaubte der König Wagner vor der, besonders durch die Übergriffe des Komponisten in die bayerische Politik, aufgebrachten Öffentlichkeit nicht mehr schützen zu können und bat ihn, München zu verlassen. »Worte können den Schmerz nicht schildern, der mir das Innere zerwühlt«, beginnt sein Abschiedsbrief[17]. Er hat diesen Schritt, zu dem er durch seine Familie, seinen Großvater Ludwig I. und seinen Großoheim Prinz Karl, durch das mit Rücktritt drohende Ministerium unter von der Pfordten, durch Adel und Geistlichkeit gezwungen wurde, nie verwinden können. Wagner fand in Triebschen eine neue Zuflucht, wo ihn der König zur allgemeinen Empörung mitten in der drohendsten politischen Krise vom 22. bis 24. Mai heimlich besuchte. Ludwig denkt immer wieder an Abdankung: »Allein fühle ich mich nun, allein auf dem Königsthrone, umstrahlt von fürstlichem Glanze, dessen Feuer nicht erwärmt, unbegriffen von meinen Unterthanen, gänzlich verkannt in mei-

17 Ludwig II. zu Pferd, Gemälde von Theodor Dietz 1864.

ner glühenden Begeisterung u. Freundestreue ... zu Ihm will ich, wenn ich Ihm im fernen Lande etwas sein kann, ja zu Ihm, oder – sterben!«[18] Als der von Ludwig nicht gewollte Krieg Preußens gegen Österreich ausbricht, verläßt er nur ungern die Roseninsel, wo er mit seinem Flügeladjudanten Fürst Paul von Thurn und Taxis »in erquickender Ruhe und wonnigem Frieden fern von dem Weltgetriebe«[19] die Jahrestage der unvergeßlichen Tristan-Aufführungen feiert, und zeigt sich nur wenige Tage im Bamberger Hauptquartier. Nach der entscheidenden Niederlage der Bayern bei Kissingen denkt er wieder an Abdankung: »die Geister der Finsterniß herrschen; ach, überall Trug und Verrath ... Gott gebe, daß Bayerns Selbständigkeit gewahrt werden kann; wenn nicht, wenn die Vertretung nach Außen verloren geht, wenn Wir unter Preußens Hegemonie zu stehen kommen, dann fort, ein Schattenkönig ohne Macht will ich nicht sein.«[20] Wagner ist es, der jetzt den König immer wieder beschwört sich zu gedulden und wenigstens nicht sofort abzudanken – »Königthum – glauben Sie! – ist eine Religion! Ein König glaubt an Sich, oder er ist es nicht. Wie, wenn dieser Glaube Ihnen aber nur jetzt fehlte ...«[21] Und er weist ihn auf Nürnberg, wo die ihrer Vollendung entgegengehenden Meistersinger zur Aufführung gelangen sollen: »Dieses Werk war zugleich auf Ihre Befreiung berechnet. Ja! die Meistersinger – ›in Nürnberg‹ – sollten den König von Bayern aus seiner ›Münch‹-residenz hinaus in das frische, freiathmige Franken entführen.«[22] Tatsächlich erlebt Ludwig, als er sich nach langem Zögern zu einer Reise durch die vom Krieg besonders heimgesuchten fränkischen Provinzen aufmacht, gerade in Nürnberg die größten Triumphe. Zur Be-

18 Ludwig II. mit seinem Generalstab, Gemälde von Ludwig Behringer 1865 (vgl. Abb. 176).

unruhigung der Münchner denkt er zeitweise sogar daran, den Wagnerschen Gedanken, die Residenz von München nach Nürnberg zu verlegen, in die Tat umzusetzen. »Hier muß dereinst der große Kunsttempel sich erheben«, schreibt er aus Nürnberg an Wagner, »hier wollen Wir die deutsche Kunstschule errichten, hierher Bülow berufen, hierher endlich bitte ich den heißgeliebten Freund nach Vollendung der ›Meistersinger‹ zu ziehen, um stets hier zu bleiben; hierher nach dem ehrwürdigen, heiligen Nürnberg will ich kommen.«[23]

20 Ludwig II. mit seiner Verlobten, Prinzessin Sophie, Herzogin in Bayern, der jüngeren Schwester von Kaiserin Elisabeth, Photographie von Joseph Albert, 1867.

19 Kaiserin Elisabeth von Österreich.

Nachdem das Ministerium von der Pfordten angesichts der triumphalen Reise des Königs zurückgetreten war und Ludwig am 31. Dezember 1866 den ihm von Wagner schon im Juli vorgeschlagenen Fürsten Hohenlohe-Schillingsfürst an die Spitze des Ministeriums berufen hatte, war der Weg frei für die Rückkehr Wagners, der sein lieb gewordenes Exil in Triebschen jedoch nicht mehr ganz aufgeben wollte. Der König träumt bereits von den Meistersingern – »In der jüngst verwichenen Nacht träumte ich, die Meistersinger wären vollendet und ihre Aufführung stände bevor und zwar in der Zeit des Fliederblühens.«[24] Nach seiner Verlobung mit der ihm in Verehrung für Wagner verbundenen Herzogin Sophie Charlotte, Tochter des Herzogs Max in Bayern, schickt er dem Freund am 22. Januar 1867 folgendes Telegramm: »Dem theuren Sachs teilt Walther selig mit, daß er sein treues Evchen, daß Siegfried seine Brünhilde fand.«[25] Die ursprünglich für den Tag der bald wieder abgesagten Vermählung des Königs geplante Uraufführung der Meistersinger verzögerte sich bis 1868, nachdem es wegen Berufung des von Wagner empfohlenen Regisseurs Hallwachs

21

21 Richard und Cosima Wagner 1872, Photographie von Fritz Luckhardt. Eine große Enttäuschung für den König war es, daß Richard Wagner ihn über seine wahren Beziehungen zu Cosima von Bülow jahrelang im Unklaren ließ und ihn 1866, angesichts der in München umlaufenden Gerüchte, veranlaßte, sogar eine öffentliche Ehrenerklärung für Hans von Bülow und seine Frau abzugeben – die gleichzeitig mit der Kriegserklärung an Preußen in den Zeitungen veröffentlicht wurde.

22 Ludwig II. begrüßt das österreichische Kaiserpaar Franz Joseph und Elisabeth vor der Kurhalle in Bad Kissingen am 18. Juni 1864, links vom König die Zarin Maria Alexandrowna, Aquarell von Johannes Maar, 1864.

23 Ludwig II. landet mit seinem Dampfer ›Tristan‹ bei Schloß Berg, Aquarell von Erich Correns 1867.

24 Besuch der Zarin Maria Alexandrowna in Schloß Berg mit Illumination am 26. September 1868, Aquarell von Josef Watter.

Die Beziehung Ludwigs II. zu Sophie (sie nannten sich ›Elsa‹ und ›Heinrich‹) beruht vor allem auch auf ihrer gemeinsamen Begeisterung für Richard Wagner und sein Werk: »Sophie ist eine treue, teilnehmende Seele voll Geist; ihr Los hat eine gewisse Ähnlichkeit mit dem meinigen: wir beide leben inmitten einer Umgebung, die uns nicht begreift und falsch beurteilt ...«, schreibt der König am 5. Januar 1867 an Cosima von Bülow. Bald wird er sich jedoch seiner unüberwindlichen Abneigung gegen eine Heirat mit Sophie bewußt und der Termin der Vermählung wird immer wieder verschoben, bis er mit einem Brief an seine »geliebte Elsa« am 7. Oktober 1867 die Verlobung beendet: »Wenn Du mir mein Wort zurückgibst und wir voneinander scheiden, so bitte ich Dich, tun wir es ohne Groll und Bitterkeit; behalte – ich ersuche Dich herzlich darum – die Andenken, die Du von mir in Händen hast, und gestatte mir, daß auch ich die von Dir erhaltenen behalte; sie werden mich stets an eine Zeit erinnern, die nie aufhören wird, mir teuer zu sein, und an eine liebe Freundin und Verwandte, für deren Glück, das mir sehr am Herzen liegt, ich täglich Gott bitten werde. Solltest Du bis etwa in Jahresfrist niemanden gefunden haben, durch welchen Du glaubst, glücklicher zu werden als durch mich, sollte auch dieses bei mir der Fall sein, was ich nicht für ganz unmöglich halte, so können wir uns ja dann auf immer vereinigen, vorausgesetzt, daß Du dann noch Lust dazu hast; doch ist es besser, wenn wir jetzt voneinander scheiden und uns nicht durch ein bestimmtes Versprechen für die Zukunft zu binden; mißlich bleibt immer das plötzliche Sich-Einmischen Deiner Mutter in unsre Angelegenheit, wie sie im vorigen Winter stand, ich muß es wiederholen ...«

Befreit berichtet Ludwig II. nach dem Bruch mit Sophie aus Hohenschwangau an Wagner: »Gott sei Dank, endlich bin ich allein hier, fern ist die Mutter, die im vergangenen Sommer mir wieder recht lästig wurde, durch ihre niederdrückende Prosa den idealen Aufenthalt mir verdarb, fern die ehemalige Braut, durch die ich elend und namenlos unglücklich geworden wäre; vor mir steht die Büste des einzigen, bis in den Tod geliebten Freundes, die mich überall hin begleitet, mir Mut und Ausdauer zuspricht ...«

22

23

24

fast zu einem Bruch des Komponisten mit dem neu ernannten Intendanten Karl von Perfall gekommen war. Der Kostümbildner Franz Seitz und die Bühnenbildner Angelo II Quaglio und Heinrich Döll legten Wagner schon Ende 1867 ihre Entwürfe vor, zu denen sie eigens Studien in Nürnberg betrieben hatten. Schließlich wurde auch die schwierige Besetzung der Hauptrolle mit der Verpflichtung von Franz Nachbaur aus Darmstadt als Walther von Stolzing und Betz aus Berlin als Hans Sachs gelöst, dazu aus dem Münchner Ensemble Mathilde Mallinger als Eva. Die mit größtem Aufwand in Szene gesetzte Uraufführung (Kosten insgesamt 45800 Gulden) fand am 21. Juni 1868 statt, wieder unter der musikalischen Leitung Hans von Bülows. Es wurde ein triumphaler Erfolg für Wagner, der schon bei den Versen des 2. Akts »denn wer als Meister ward geboren, der hat unter Meistern den schlimmsten Stand« demonstrativen Applaus erhielt. Den Schlußbeifall konnte er von der Brüstung der königlichen Loge aus entgegennehmen, in der er, Seite an Seite mit dem König, der Aufführung beigewohnt hatte. »Der Eindruck«, schreibt die *Kemptener Zeitung*, »den die königliche Huld auf das hiesige Publikum machte, war überwältigend ... man verstummte, man blickte empor zum glänzenden Plafond des Riesenhauses, ob er nicht Miene mache einzustürzen ob solcher nie dagewesener Gunstbezeugung. Wagner, der Verketzerte, Verbannte, welchen vor kaum zwei Jahren des selben Königs Huld nicht zu schützen vermochte vor der Gehässigkeit des hohen und niederen Pöbels unsrer Kunstmetropole –, ist rehabilitiert in unsagbarer Weise.«[26]

25 Franz Nachbaur als Walther von Stolzing in der Uraufführung der ›Meistersinger von Nürnberg‹.

26 Michael Echter 1871, Szenenillustration nach der Uraufführung von 1868, 1. Aufzug, 1. Szene, Walther: »Für euch Gut und Blut! Für euch Dichter's heil'ger Muth!«

Mit so bekannten Sängern wie Franz Nachbaur (s. auch Abb. 125) oder Schauspielern wie Ernst von Possart korrespondierte der König auf die freundschaftlichste Weise und konnte sich auch für die jugendliche Idealgestalt der Mathilde Mallinger begeistern, die er sich als Elisabeth in ›Tannhäuser‹ vom Hofphotographen eigens aufnehmen ließ (Abb. 47). Zu den Sängerinnen des Hoftheaters, die am häufigsten zu Privatauditionen u.a. in den Wintergarten eingeladen wurden, gehörte die sehr beleibte Sängerin Josephine Scheffsky (Abb. 29), die wegen eines ›Geschenks‹ an den König, das sie sich zu einem weit überhöhten Preis von der Kabinettskasse hatte bezahlen lassen, 1879 endgültig in Ungnade fiel. Über viele Jahre war die auch häufig in den Separatvorstellungen beschäftigte Schauspielerin Maria Dahn-Hausmann (Abb. 30), die er zuerst als Kronprinz in der Rolle der Thekla in »Wallenstein« erlebt hatte, dem König eine mütterliche Freundin. Schwärmerische Zuneigung verband ihn mit Lila von Bulyowsky, die er 1866 als Maria Stuart malen und photographieren ließ (Abb. 31). Die Beziehung erreichte einen Höhepunkt während eines dreitägigen Aufenthalts von Lila in Hohenschwangau (vgl. auch ihren Brief S. 86, der auf einen Besuch auf der Roseninsel anspielt). Gottfried von Böhm berichtet: »Ludwig hatte seine Freundin nach Besichtigung der übrigen Sehenswürdigkeiten dieser Burg schließlich auch in sein Schlafgemach (Abb. 49) geführt. Es war angeblich mit erotischen Gemälden geschmückt, über welche Frau v. Bulyowsky, die sonst durchaus nicht zimperlich war, sich entsetzte. ›Ich habe ein Präservativ dagegen,‹ sagte der König, indem er einem kleinen Altar ein Bild entnahm, das Lila v. Bulyowsky als Maria Stuart darstellte.

Beide ließen sich auf den Rand des Bettes nieder und begannen ›Egmont‹ zu rezitieren. Bei der Kußszene – ich vermute derjenigen, bei der auch Egmont dem Klärchen spanisch kam – wurde Lila spröde und man trennte sich endlich unverrichteter Sache. ... Nach jenem dreitägigen Aufenthalt in Hohenschwangau, wo sie mit dem König Egmont rezitierte und vor ihm durch die Gemächer des Schlosses floh, befahl die Königin-Mutter sie zur Audienz. Sie sagte ihr, daß der König niemals heiraten werde, so lange sie in Bayern bleibe und nahm ihr das Wort ab, daß sie ihren Kontrakt nach anderthalb Jahren nicht mehr erneuere. Lila gab es und hielt es. Als sie aber im Jahre 1872 Abschied vom König nahm, stampfte er auf die Erde und rief: ›daran ist nur diese dumme Gans schuld.‹ – Seine Entlobung hatte er Lila seiner Zeit mit der Versicherung der höchsten Freude mitgeteilt, von dieser ... Familie losgekommen zu sein. Schon früher hatte er sich ihr gegenüber über den mangelnden Kunstsinn seiner Braut beklagt, die nie ins Theater ging, wenn die Mallinger sang und die Bulyowsky spielte.«

27

Wagner, der den König zum 23. Geburtstag in Hohenschwangau mit der Originalpartitur der Meistersinger überraschte, schrieb später, der Abend der Uraufführung der Meistersinger sei »der Höhepunkt seiner künstlerischen und menschlichen Laufbahn« gewesen: »Wie man mit der Zeit finden wird, dass dieses Werk das vollendetste der bisher von mir geschaffenen ist, so erkläre ich diese seine Aufführung, die ich einzig Ihrer Güte verdanke, für die beste, welche bisher noch je von einem meiner Werke stattgefunden hat: die unermessliche Ehre, die Sie mir für diesen Abend an Ihrer Seite zuwiesen, erkläre ich als die seelenvollste Belohnung, die ein Meister der Kunst empfing. Und so erkläre ich, dass hier nichts mehr zu überbieten ist: dass nicht ein Wunsch nach Höherem in meinem Herzen zurückbleiben konnte.«[27]

28

27 Michael Echter 1872, Szenenillustration nach der Uraufführung von 1868, 3. Aufzug, 5. Szene, Schlußbild: »Heil Sachs! Hans Sachs! Heil Nürnberg's theurem Sachs!«

28 Mathilde Mallinger als Eva in der Uraufführung der ›Meistersinger von Nürnberg‹.

29 Josephine Scheffsky.

30 Marie Dahn-Hausmann.

32

33

34

31 Lila von Bulyowsky als Maria Stuart,
Photographie von Joseph Albert, wohl 1866.

35

36

37

32-37 Photographische Szenenillustrationen von Joseph Albert. Eine besondere Kostbarkeit sind die Szenenillustrationen (ausgeschnittene Photographien auf gemaltem Hintergrund geklebt und noch einmal photographiert), die sich der König 1866 oder in den folgenden Jahren vom Hofphotographen nach der Aufführung mit Lila von Bulyowsky als Maria Stuart anfertigen ließ, Szenen aus dem 3. Akt (Abb. 32: Elisabeth und Maria mit Leister und Talbot – Abb. 33: Maria und Mortimer – Abb. 34: Maria vor Elisabeth kniend), dem 4. Akt (Abb. 35: die Unterschrift unter das Todesurteil) und 5. Akt (Abb. 35: Abschied der Königin – Abb. 37: Maria mit verbundenen Augen, rechts der Scharfrichter).

38 Das von Gottfried Semper geplante Wagner-Festspielhaus an der Isar, Ansicht von 1865/66.

Das Festspielhaus

»Ich habe den Entschluß gefaßt, ein großes, steinernes Theater erbauen zu lassen, damit die Aufführung des ›Ringes des Nibelungen‹ eine vollkommene werde; dieses unvergleichliche Werk muß einen würdigen Raum für seine Darstellung erhalten«[28], schrieb der König kurz vor der Erstaufführung des Holländer an Wagner. Dieser schlug ihm als Architekten den Erbauer der Dresdener Oper vor, Gottfried Semper, den bedeutendsten deutschen Architekten der Zeit, der auch am 29. Dezember 1864 eine erste Audienz beim König erhielt. Pechts Artikel ›König Ludwig II. und die Kunst‹ im *Wiener Botschafter* machten den königlichen Entschluß zuerst der Öffentlichkeit bekannt. Doch Wagner, der sich schon im Vorwort der Ring-Dichtung mit einem »provisorischen Theater, so einfach wie möglich, vielleicht bloss aus Holz, und nur auf künstlerische Zweckmässigkeit des Inneren berechnet«[29] begnügen wollte, denkt auch jetzt wieder als ersten Schritt an ein provisorisches Theater, das in einem der Flügel des Münchner Glaspalastes errichtet werden sollte. Die Probleme, die der Architekt mit diesem vom verhaßten Repertoire-Theater unabhängigen provisorischen Festspielhaus lösen sollte, faßt Wagner 1865 in seinem ›Bericht an S. M. den König Ludwig II. über eine in München zu errichtende deutsche Musikschule‹ zusammen: »Eure Majestät haben einem berühmten und in diesem Fache vorzüglich erfahrenen Architekten die Aufgabe gestellt, vor allem einen inneren Theaterraum zu konstruieren, in welchem einerseits die aesthetisch unschöne und störende Sichtbarkeit des Orchesters, bei möglicher Steigerung einer edlen Klangwirkung desselben, vermieden und andererseits, namentlich durch Erfindung von Beleuchtungsvorrichtungen, die theatralische Darstellung selbst zu der ihr noch fehlenden edleren Höhe reiner Kunstleistungen erhoben werden soll.«[30]

Der König wollte das provisorische Theater, das ihm Wagner als »Vorgeschmack des zu errichtenden Ideals«[31] darstellte, schon 1867 realisiert

39 Ludwig II. 1867, Photographie von Joseph Albert.

40 Gottfried Semper,
Lithographie von Franz von Hanfstaengl 1848.

sehen, verlangte aber auch ungeduldig nach den Plänen für das ›Festtheater der Zukunft‹ auf den Isarhöhen, das mit einer Straße – parallel der von seinem Vater gegründeten Maximilianstraße – verbunden werden sollte. »Ich sehe die Straße gekrönt vom Prachtbau der Zukunft; es strömt das Volk zur Vorführung der Nibelungen ... O die blinde Menge, die die Bedeutung dieses Werkes nicht faßt«[32], schreibt er an Wagner und läßt sich auch durch dessen erzwungene Abreise in seinem Plan nicht beirren: »Öfters besuche ich die Höhen an der Isar; da will es mir das Herz zerschneiden, wenn ich denken soll, daß der ersehnte Bau nie dort aufgeführt werden soll ...«[33]

Das Ende 1866 vollendete Modell des Festtheaters ließ sich der König am 11. Juni 1867 in einem der Räume im Erdgeschoß des Festsaalbaus der Residenz vorführen. Semper berichtet Wagner von seiner Audienz: »Ueber zwei Stunden hindurch geduldete sich der König, die Erklärung des Modells und der Pläne in allen Details von mir entgegenzunehmen. S.M. schienen zufrieden und waren überhaupt gegen mich sehr huldreich und freundlich. Auf die Allerhöchste Frage, ob ich die Ausführung dieses Werkes übernehmen wolle, antwortete ich natürlich, daß ich mich durch die Ehre eines solchen Allerhöchsten Auftrages und die Aussicht, der Majestät bei der Durchführung Ihrer hochherzigen Pläne mit meinen schwachen Mitteln dienstbar zu sein, sehr beglückt fühle etc. Den Tag darauf wurde mir zur selben Stunde die Ehre einer zweiten Audienz zu Theil, die gleichfalls ziemlich lange dauerte und worin S. M. das Thema der Wahl des Platzes und des Straßenalignements einläßlich mit mir durchging. Allerhöchstsie schienen sich für denjenigen Plan zu entscheiden, der (nach Deiner ersten Idee) in der Verlängerung der Brienner Straße durch den Hofgarten und an der Nordseite der Residenz vorbei durch die Annenvorstadt hindurchführt, dann die beiden Isarufer mit der Brücke verbindet und endlich auf der östlichen Höhe jenseits der Isar mit dem Festbaue abschließt. Ich füge noch hinzu, daß auf die vom König an mich gerichtete Frage wegen der Dauer des Baues ich ihm antwortete, daß es aus verschiedenen Gründen gerathen sei, den Bau selbst nicht zu übereilen, dafür aber, um Zeit zu gewinnen, nicht mit dem Beginne desselben zu zaudern. Nach meinem unmaßgeblichen Dafürhalten seyen 6 Jahre bis zur Vollendung des Baues ... erforderlich.«[34]

Doch schon ein Jahr später mußte Semper einsehen, daß das Theater, dessen Baubeginn zunächst auf 1868 verschoben worden war, nie realisiert werden würde und liquidierte bei der Kabinettskasse seine Rechnung für die Planung. Gescheitert war das Projekt, das nach seinem Voranschlag 2568299 Gulden, mit Straße und Brücke ca. 5 Millionen gekostet hätte, nicht, wie immer behauptet wird, am Widerstand der Öffentlichkeit. Das kostspielige Unternehmen, das natürlich gelegentlich in die allgemeine Pressekampagne gegen Wagner einbezogen wurde, hat dem Landtag oder dem Münchner Magistrat nie vorgelegen. Gescheitert ist das Projekt offensichtlich an Wagner selbst[35], der, nach einer Bemerkung Pechts, von Anfang an »bloss die Bretterbude« wollte[36]. Cornelius schreibt schon 1865, Wagner sei »im Grunde seines Herzens eigentlich verflucht wenig dran gelegen, daß aus der Sache etwas wird; denn der Bau ist finanziell eine so schwierige Sache und kann leicht zu einem Stein des Anstosses für sein eigenes Verhältnis werden.«[37] Als sich dann der auf 200 000 Gulden veranschlagte Bau des provisorischen Theaters im Glaspalast, gegen den das Handelsministerium und die oberste Baubehörde Einspruch erhoben hatten, als undurchführbar erwies, verstand es der um seinen eigenen Einfluß besorgte Komponist, die Begeisterung des Königs so lange zu dämpfen, bis das Unternehmen auf unabsehbare Zeit verschoben war. 1871 verlangte Wagner die im Besitz des Königs befindlichen Pläne Sempers, um sie, »so weit sie sein geistiges Eigentum seien«[38], für Bayreuth zu verwenden.

Das Münchner Festspielhaus Ludwigs II. war das bedeutendste Theaterprojekt des mittleren 19. Jahrhunderts und bereitet im Werk Sempers die neue Dresdener Oper und das Wiener Burgtheater vor. Die Ausführung des ›Festtheaters der Zukunft‹ hätte den König, der bald nach dem Scheitern des Projekts mit dem Bau seiner Schlösser beginnt, vielleicht für immer an seine Hauptstadt gefesselt.

41 Gottfried von Brabant, Figurine von Franz Seitz für die Münchner Neuinszenierung des ›Lohengrin‹ von 1867.

In Erinnerung an seine ersten Opernbesuche als Sechzehnjähriger im Jahr 1861 ließ der König später Prunkschalen anfertigen:

42 Entwurf zu einer Prunkschale mit Darstellungen aus ›Lohengrin‹ von Otto Wustlich 1865 nach der Münchner Erstaufführung von 1858.

43 Entwurf zu einer Prunkschale mit Darstellungen aus ›Tannhäuser‹ von Otto Wustlich 1866 nach der Münchner Erstaufführung von 1855.

42

43

41

Lohengrin und Tannhäuser

Die Einladung des Königs, mit der Pfistermeister Wagner 1864 in Stuttgart erreichte, galt vor allem dem Dichter des Lohengrin. Von der Münchner Erstaufführung des Lohengrin am 28. Februar 1858 (die Maximilian II. so begeisterte, daß er vier von sechs Aufführungen des Jahres besuchte) erzählte die Erzieherin des Kronzprinzen, Baronin Meilhaus, dem Dreizehnjährigen, dem der Inhalt der Oper durch die Fresken in Hohenschwangau bereits vertraut war. Am 2. Februar 1861 erlaubte der König dann dem Sechzehnjährigen zum erstenmal, die Oper zu besuchen. Schnorr von Carolsfeld, der spätere Tristan der Uraufführung, der an diesem Abend den Lohengrin sang, rührte den Kronprinzen zu Tränen des Entzückens[39]. Seit diesem Abend bestimmten Wagners Dichtungen neben Schiller Ludwigs geistige Entwicklung. Im gleichen Jahr durfte er am 22. Dezember auch noch den Tannhäuser erleben, die erste Wagneroper, mit der Generalmusikdirektor Lachner, an sich kein Freund der ›Zukunftsmusik‹, das Münchner Publikum schon am 12. August 1855 bekannt gemacht hatte. Am 21. Februar 1864 gastierte auf Wunsch des Kronprinzen Albert Niemann aus Hannover, nicht nur seiner Stimme, sondern auch seiner Gestalt nach ein idealer Lohengrin. Am Abend »erstrahlte das Haus im Festesglanz, die Damen der Münchner Hofgesellschaft, der Schwärmerei des idealen Königssohnes huldigend, erschienen mit dem Zeichen des Ritters vom heiligen Gral, die weiße Taube und den Schwan als Silberschmuck an Haupt und Busen tragend.«[40] Und als Niemann am folgenden Tag zur Audienz bei König Max geladen war »erschien an der Tür ein schöner dunkler Jüngling, dessen bleiches Antlitz bei des Künstlers Anblick von tiefer Röte übergossen wurde: der Kronprinz. Durch den Hofphotographen Albert wurde ihm Niemann auch noch unbemerkt vorgestellt. Ludwig gab diesem in schüchternen Dankesworten sein Entzücken über die Darstellung zu erkennen und ließ ihm sein Porträt überreichen.«[41]

44 Kronprinz Ludwig 1861,
im Jahr seines ersten Opernbesuchs,
Photographie von Joseph Albert.

›Mustervorstellungen‹ von Lohengrin und Tannhäuser standen natürlich auch auf Wagners Programm für den König, wurden jedoch durch seine erzwungene Abreise verzögert. Als nach der Berufung Hohenlohes seiner Rückkehr nichts mehr im Wege stand, erinnerte ihn der König in einem Telegramm an den unvergesslichen 2. Februar 1861 des ersten Lohengrinbesuchs – »heute vor 6 Jahren das erste Mal Lohengrin gehört, Keime zu ungeahnten Wonnen!«[42] – und verlangt immer dringender eine erneute Aufführung – »am 21. Februar drei Jahre seit Lohengrin; ach län-

45

46

ger ertrage ich's nicht!«[43] Die Proben für die Neuinszenierung, unter musikalischer Leitung des am 5. April zum Hofkapellmeister ernannten Hans von Bülow, hat der aus Triebschen herbeigeholte Komponist zuletzt selbst überwacht. Statt des vom König gewünschten Albert Niemann hatte Wagner die Berufung seines bereits 60 Jahre alten Dresdener Freundes Joseph Tichatschek vom Dresdener Hoftheater durchgesetzt, des Rienzi und Tannhäuser der Dresdener Uraufführungen. Ludwig, der sich immer mit seinem Lieblingshelden Lohengrin identifiziert hat, schien sich nun fast vor der Aufführung zu fürchten. Nach der Generalprobe am 11. Juni umarmte Wagner begeistert seinen »alten Kampfgenossen« Tichatscheck, der König aber hatte durch sein Fernglas nur einen greisen Lohengrin, ohne den erwünschten blauen Mantel, müde auf eine in der Mitte des Kahns angebrachte Stange gestützt, gesehen und war empört. Ohne mit dem in der Loge nebenan sitzenden Komponisten auch nur ein Wort zu wechseln, eilte er nach Berg und erteilte Hofrat Düfflipp die Weisung, Tichatschek dieser ›Ritter von der traurigen Gestalt‹, könne im nächsten Jahr zur Fußwaschung kommen, aber auf der Bühne wolle er ihn nie mehr sehen[44]. Zum erstenmal setzte hier der König auch Wagner gegenüber seinen in allen späteren Kunstunternehmungen unbeirrbaren, keinen Widerspruch duldenden Willen durch, Wagner gegenüber, dessen Rückkehr nach München er monatelang mit einer Sehnsucht erwartet hatte, die ihn fast zur Abdankung getrieben hätte. Der Komponist war beleidigt und kehrte nach einem vorwurfsvollen Abschiedsbrief sofort in die Schweiz zurück: »Als ich Ihnen von Tichatschek als ›Lohengrin‹ sagte, sein Gesang gleiche einem Dürerschen Gemälde, dagegen seine äussere Erscheinung etwa einem Holbein'schen Bild, hätte ich deutlicher Sie ersuchen sollen, den Sänger mit offenem Ohre zu hören, nur mit schwach bewaffnetem Auge aber ihn zu betrachten ... Meine Mahnung beachteten Sie nicht: Sie richteten das mit doppelten Ferngläsern bewaffnete Auge auf ihn; unmöglich konnte er diese Prüfung bestehen: die unerlässliche Täuschung schwand.«[45]

Trotz der Abreise Wagners bestand der König auf der Aufführung am 16. Juni 1867, die mit Heinrich Vogl in der Hauptrolle, in Anwesenheit des Königs und seiner Braut Sophie, vor allem für Mathilde Mallinger als Elsa ein großer Erfolg wurde. Der König ließ die erst 19 Jahre alte Sängerin sogleich von Hofphotograph Albert aufnehmen. Unmittelbar anschließend mußte Bülow auch den Tannhäuser neu einstudieren, der, wie Lohengrin mit großem Aufwand ausgestattet (Gesamtkosten der beiden Aufführungen 37 051 Gulden), am 22. September Premiere hatte, wieder mit Mathilde Mallinger in der weiblichen Hauptrolle. Wagner, ohne dessen Anwesenheit trotz der hervorragenden musikalischen Leitung Bülows nur eine ›gewöhnliche Opernvorstellung‹, keine ›Mustervorstellung‹ möglich schien, war nach dem Streit um den Darsteller des Lohengrin nicht mehr zu bewegen gewesen, nach München zu kommen. Die Münchner Neuinszenierung brachte zum erstenmal die aus der Pariser Fassung entwickelte Bearbeitung mit dem neuen Szenarium zum ›Bacchanal‹, die Wagner dem König schon 1865 mit der Bemerkung übersandt hatte, dies sei die Gestalt, in welcher er den Tannhäuser »als vollendet der Zukunft übergeben wissen wolle.«[46]

47

45 Michael Echter 1868, Szenenillustration nach der Neuinszenierung des ›Lohengrin‹ von 1867, 1. Aufzug, 3. Szene, Lohengrins Ankunft: »Ha, unerhörtes, nie gesehnes Wunder! Gegrüßt! Gegrüßt, du gottgesandter Held!«

46 Michael Echter 1869, Szenenillustration nach der Neuinszenierung des ›Tannhäuser‹ von 1867, 2. Aufzug, 4. Szene, Tannhäuser beginnt sein Lied auf Venus: »Dir, Göttin der Liebe, soll mein Lied ertönen! Gesungen laut sei jetzt dein Preis von mir!«

47 Mathilde Mallinger als Elisabeth der Münchner Neuinszenierung von 1867 in der Sängerhalle, Photographie von Joseph Albert aus dem Besitz des Königs.

48 König Maximilian II. füttert die Schwäne auf dem Alpsee, im Hintergrund Schloß Hohenschwangau, Gemälde von Lorenzo II Quaglio 1841. Ludwigs Vater hatte als Kronprinz die Ruine Schwanstein, den Stammsitz der Herren von Schwangau, seit 1833 nach Plänen des Bühnenbildners Domenico Quaglio wiederherstellen lassen.

49 Das Tasso-Zimmer von Hohenschwangau, das Schlafzimmer Ludwigs II., in dem er sich eine Beleuchtung mit Mond, Sternen und Regenbogenmaschine einrichten ließ. Ausmalung nach Entwürfen Moritz v. Schwinds mit der Geschichte von Rinaldo und Armida aus Torquato Tassos ›Befreites Jerusalem‹. Photographie gegen 1900 (Coll. Hanfstaengl).

Hohenschwangau

Hohenschwangau war seit seiner frühen Jugend ein Lieblingsaufenthalt Ludwigs II., der ihm erst später durch die »Prosa« der seinen Ideen verständnislos gegenüberstehenden Mutter verleidet wurde (vgl. den Brief an Wagner S. 34). Die Wirkung der Eindrücke, die der Kronprinz in den von Schülern Moritz v. Schwinds ausgemalten Räumen empfing, beschreibt Karl von Heigel, einer der Hauptautoren der Separatvorstellungen: »Wenn der junge Ludwig sommers nach Hohenschwangau kam, winkte ihm auch in diesem Elternhaus die Vergangenheit – Sage und Geschichte – lockend von den Wänden. Da sah er den Schwanenritter Lohengrin, wie er auf dem Rhein ins Horn stößt, um dem Kaiser sein Nahen zu verkünden; da die Mutter Karls des Großen im stillen Würmtal, harrend auf ihren Retter und Rächer; da den hünenhaften Langobarden Autaris und seine bajuwarische Braut Trudelinde. Seine Ahnen sah er hoch auf gewappnetem Roß, mit gezücktem Schwert im ewigen Rom und unter den Palmen am Nil. Da sah er alle die Kaiser und Herzöge, Minnesänger und Kreuzritter aus der Chronik von Hohenschwangau.«

50 Königin Marie mit ihren Söhnen Ludwig und Otto auf der Schloßtreppe von Hohenschwangau, Photographie von Joseph Albert um 1860.

51 Das Hohenstaufen-Zimmer von Hohenschwangau (Ankleideraum des Königs und Musikzimmer) mit stukkiertem Netzrippengewölbe besitzt Gemälde mit Szenen aus der Geschichte der Hohenstaufen von Wilhelm Lindenschmit. Auf dem Tafelklavier hat Richard Wagner dem König anläßlich seines Besuches 1865 (vgl. S. 36) vorgespielt. Photographie gegen 1900 (Coll. Hanfstaengl).

52 Der Helden- oder Rittersaal von Hohenschwangau ist der Wilkina-Sage mit Themen aus der Geschichte Dietrichs von Bern gewidmet (hier Dietrichs Sieg über König Ermenrich in der Rabenschlacht), Entwürfe von Moritz v. Schwind. Photographie gegen 1900 (Coll. Hanfstaengl).

54 Kronprinz Ludwig 1862, Photographie von Joseph Albert.

53 Das Türkische Zimmer von Hohenschwangau (Schlafzimmer der Königin) erinnert mit seiner Ausstattung an die Reise des Kronprinzen Maximilian in die Türkei 1833. Photographie gegen 1900 (Coll. Hanfstaengl).

56

Über seine Erlebnisse in Hohenschwangau berichtet der Kronprinz seinem Großvater Ludwig I. am 22. August 1857: »Vorigen Montag kamen wir hier an, nachdem wir acht Tage in Nymphenburg gewohnt hatten. Anfangs war die Witterung zu größeren Partien nicht günstig; nachdem es aber gestern schön geworden war, durften wir zu unserer großen Freude den Säuling besteigen. Wir verließen mit der Mutter Hohenschwangau um ½9 Uhr und gelangten gegen 1 Uhr auf die Spitze desselben, die eine sehr schöne Aussicht bietet; unter anderem sieht man München und die Ortlerspitze. Um 4 Uhr machten wir uns auf den Rückweg und waren um 7 Uhr wieder in der Ebene, ohne daß selbst Otto sich übermüdet fühlte.«

55

57

55 Kronprinz Ludwig mit einem selbst geangelten Hecht, 1861.

56 Die Prinzen Ludwig und Otto auf einer Bergwanderung um 1860.

57 Die königliche Familie beim Spaziergang in Hohenschwangau 1859.
Photographien von Joseph Albert.

Neuschwanstein

Die vom König mit besonderem Eifer betriebenen und schließlich auch ohne Wagner verwirklichten Neuinszenierungen von ›Lohengrin‹ und ›Tannhäuser‹ sind als Vorspiel zum Bau der Burg Neuschwanstein zu betrachten, den der König Wagner mit dem folgenden Brief vom 13. Mai 1868 ankündigte: »Ich habe die Absicht, die alte Burgruine Hohenschwangau bei der Pöllatschlucht neu aufbauen zu lassen im echten Styl der alten deutschen Ritterburgen, und muß Ihnen gestehen, daß ich mich sehr darauf freue, dort einst (in 3 Jahren) zu hausen; mehrere Gastzimmer, von wo man eine herrliche Aussicht genießt auf den hehren Säuling, die Gebirge Tyrols und weithin in die Ebene, sollen wohnlich und anheimelnd dort eingerichtet werden; Sie kennen Ihn, den angebeteten Gast, den ich dort beherbergen möchte; der Punkt ist einer der schönsten, die zu finden sind, heilig und unnahbar, ein würdiger Tempel für den göttlichen Freund, durch den einzig Heil und wahrer Segen der Welt erblühte. Auch Reminiscenzen aus Tannhäuser (Sängersaal mit Aussicht auf die Burg im Hintergrund) und Lohengrin (Burghof, offener Gang, Weg zur Kapelle) werden Sie dort finden; in jeder Beziehung schöner und wohnlicher wird diese Burg werden als das untere Hohenschwangau, das jährlich durch die Prosa meiner Mutter entweiht wird; sie werden sich rächen, die entweihten Götter, und oben weilen bei Uns auf steiler Höh', umweht von Himmelsluft.«[47]

In Hohenschwangau, »diesem Paradies der Erde, das ich mir mit meinen Idealen bevölkere u. dadurch glücklich bin«[48], diesem »Walhall« mit dem »trauten Erker, wo ich unvergeßliche Stunden dereinst mit Ihm verlebte«[49], mit den »theuren Stätten, die durch Sie mir geheiligt wurden für alle Zeiten«[50], fühlte er sich durch die häufige Anwesenheit der seinen Ideen verständnislos gegenüberstehenden Mutter mehr und mehr beengt: »Es ist oft zum verzweifeln: mein liebes Hohenschwangau, sonst (wenn ich allein bin) für mich der Sitz der wohltuendsten Weltabgeschiedenheit und Ruhe, sowie der höchsten, wahrsten Poesie, ist unter diesen Verhältnissen eher einem Orte der Pein vergleichbar. Die Königin liebt mich wahr und innig und so konnte ich, als guter Sohn, nicht anders, als ihrem Wunsche entsprechen, nämlich einige Zeit hier gemeinsam mit ihr zubringen, obwohl ich dem Theuren gestehen muß, daß es mich ein Opfer kostet; denn meine Mutter versteht mich ganz und gar nicht und das Leben hier ist höchst prosaisch.«[51] So war es nur verständlich, daß Ludwig sich in der ihm von Kindheit an vertrauten Gegend einen neuen, durch die ›Prosa‹ der Mutter nicht entweihten Wohnsitz schaffen wollte. Ludwigs Vater, Maximilian II., hatte den Stammsitz der Herren von Schwangau, die Ruine Schwanstein, gekauft, um ihr 1833 nach Plänen des Bühnenbildners Domenico Quaglio »ihre ursprüngliche mittelalterliche Gestalt wiederzugeben.«[52] Genauso wollte Ludwig nun die Ruine Vorderhohenschwangau erneuern, die mit der Ruine Hinterhohenschwangau, dem von Maximilian II. zu einem Aussichtspavillon ausgebauten ›Sylventurm‹, auf der ›Jugend‹, einer Anhöhe

58 Die Marienbrücke über der Pöllatschlucht bei Neuschwanstein, Photographie gegen 1900 (Coll. Hanfstaengl).

59

60

61

62

59 Der Bau der ›Neuen Burg Hohenschwangau‹ (das spätere Neuschwanstein) nach der Vollendung des Torbaus. Photographie um 1873/74.

60 Das seit dem 1. August 1886 zur öffentlichen Besichtigung freigegebene Neuschwanstein, Photographie von Joseph Albert 1886/87.

61 Neuschwanstein nach den abschließenden Bauarbeiten mit der bis 1892 errichteten Kemenate, Photographie gegen 1900 (Coll. Hanfstaengl).

62 Ludwig II. um 1883, eine der letzten Aufnahmen des Königs von Joseph Albert.

östlich von Hohenschwangau, lag. »Restauration der alten Burgruine« heißt es 1868 in den Bauakten, obwohl die mittelalterlichen Reste (ein quadratischer Turm an Stelle des geplanten Bergfrieds und die den neuen Palas vorzeichnenden Umfassungsmauern des alten Palas) natürlich dem Neubau weichen mußten. Die typisch spätromantische Idee eines ›Wiederaufbaus‹, die noch einmal 1883 in den Plänen für die Burg Falkenstein auftaucht, verbindet sich mit der Idee einer neuen Burg des Schwanenritters, dessen Wappentier ja schon in der alten Burg des Vaters in den verschiedensten Formen von der Malerei bis zum Kunstgewerbe wiederkehrt, denn auch Maximilians Lieblingstier war der Schwan.

Wagner, der 1865 für mehrere Tage in der Burg des Schwanenritters zu Gast weilte, ließ am 12. November, morgens um 7 Uhr von den auf den verschiedenen Türmen des Schlosses postierten Hauteboisten des ersten Infanterie-Regiments den Morgengruß aus ›Lohengrin‹ blasen. Als »Hohenschwangaus Wonnetage«, an denen die Militärmusiker bei den täglichen Konzerten immer wieder auch aus ›Lohengrin‹ vorzuspielen hatten, sich ihrem Ende näherten, schenkte ihm der König »eine Taschenuhr mit einem Schwane, zur Erinnerung an die herrlichen Tage, die mir durch des Theuren Anwesenheit unvergeßlich sein werden; tragen Sie dieselbe, ich bitte Sie, zuweilen dabei des Freundes gedenkend ... Wenn Sie den dunkelblauen Deckel der Uhr öffnen, werden Sie ein Bildchen (Lohengrin im Nachen) sehen; der ›Lohengrin‹ war es, der den ersten Keim der Begeisterung und glühenden Liebe zu Ihnen in mein Herz legte ... Ich lege Knöpfe mit Schwänen bei, mit dem hell strahlenden Kreuze, dem Zeichen der Erlösung, des ewigen Heiles.«[53] Zur Erinnerung an Wagners Ankunft in Hohenschwangau schenkte ihm der König ein noch jetzt im Haus Wahnfried aufbewahrtes Aquarell von Gustav Seeberger, eine Ansicht des noch unter seinem Vater Maximilian mit Gestalten aus Rinaldo und Armida ausgemalten königlichen Schlafgemachs in Hohenschwangau[54]. Dieses Zimmer stellte mit seinen inzwischen wieder verschwundenen Zutaten aus den Jahren 1864/65 in gewisser Beziehung das erste kleine ›Raumkunstwerk‹ des jungen Königs dar, in dem bereits manche charakteristische Züge seiner späteren, immer in Wechselbeziehung zur Bühne stehenden großen Kunstunternehmungen zutage treten: an der mit einem nächtlichen Himmel bemalten Decke richtete Theatermaschinist Joseph Penkmayr zunächst im Herbst 1864 die »einen Mond darstellende Nachtbeleuchtung« ein, die er im Sommer 1865 durch zahlreiche Sterne und im nächsten Jahr sogar durch eine Regenbogenmaschine ergänzte. Dazu kam der auch in dem Aquarell Seebergers sichtbare, von Hofbrunnenmeister Negele angelegte »Felsbrunnen« und drei künstliche Orangenbäume des Hofblumenfabrikanten J. von Heckel[55]. Noch 1880 schenkte der König Wagner einen Briefbeschwerer, Hohenschwangau in Silber auf einem von Schwänen getragenen Sockel, mit dem Bemerken: »Bitte gedenken Sie bei dessen Anblick mein in Liebe und stellen Sie die kleine Gabe auf Ihren Schreibtisch.«[56]

Bald nach Wagners Abreise ließ der König ein Feuerwerk mit einer Vorführung verbinden, die ihren besonderen Sinn zu Füßen des Stammsitzes der Herren von Schwangau erhielt, die den Schwan im Wappen führten

63 Lohengrins Ankunft mit Ludwig Schnorr von Carolsfeld 1861, Aquarell. Der Besuch der ›Lohengrin‹-Aufführung vom 16. Juni 1861 soll den Kronprinzen zu Tränen des Entzückens gerührt haben.

64 Modell zum 2. Aufzug des ›Lohengrin‹ (Burghof von Antwerpen) aus dem Besitz Ludwigs II., von Angelo II Quaglio 1866 für die Münchner Neuinszenierung von 1867, Anregung für den Entwurf zum Burghof von Neuschwanstein (Abb. 65).

65 Christian Jank 1868, Entwurf zum oberen Burghof von Neuschwanstein mit dem Kapellenportal des Bergfrieds, links Ritterhaus, rechts Kemenate.

und überdies angeblich mit den Schiren, den Vorgängern der Wittelsbacher, verwandt waren. Die Schloßchronik von Hohenschwangau berichtet: »Am 21. November Abends fand prachtvolles Feuerwerk statt, von Herrn Theatermaschinisten Penkmayr trefflich arrangiert. Nach dem Feuerwerk wurde die Scene der Ankunft des Schwanenritters aus Wagners Lohengrin auf dem Alpsee dargestellt. Ein großer, kunstreich nach der Natur gebildeter Schwan zog einen Kahn mit Lohengrin (Flügeladjutant Fürst Paul von Thurn und Taxis) über den Alpsee; der Schwanenritter mit Kahn und Schwan war mittelst eines elektrischen Lichtes prachtvoll beleuchtet. Während dieses Vorgangs spielte die Musik die betreffenden Piècen aus Lohengrin. Am nächstfolgenden Abende wurde diese Scene auf Allerhöchsten Befehl Seiner Majestät wiederholt.«[57] Der König, der sich später auch gelegentlich selbst als Lohengrin zu verkleiden liebte – aus seinem Nachlaß wurde eine Lohengrin-Rüstung verkauft[58] – und nach seinem Tod gelegentlich als Lohengrin dargestellt wurde, erkundigte sich anläßlich der Hohenschwangauer Vorstellung fast schüchtern bei Wagner, ob Lohengrin nicht einen Mantel, natürlich möglichst in der königlichen Lieblingsfarbe blau getragen habe: »Nur eine Frage; fast schäme ich mich Sie an den Theuren zu stellen, da es eine Kleinigkeit betrifft: es handelt sich nämlich um eine bildliche Darstellung des Lohengrin; Sie sagten mir neulich, des Helden Panzer und Beinschienen müßten aus silbernen Schuppen bestehen; soll nun (wie es im Mittelalter Sitte war) ein Helmtuch über den Rücken des Ritters herabwallen (etwa von himmelblauer Farbe?), trägt der Held einen Mantel? – Vergebung –.«[59] Den gewünschten Mantel trägt eine Marmorfigur des Lohengrin von Caspar Zumbusch, die als erste der für Schloß Berg bestimmten Marmorstatuetten der Helden Wagners, zu denen auch eine Statuette des Tannhäuser gehört, in den gleichen Tagen vollendet wurde, da Lohengrin in Gestalt des Flügeladjudanten auf dem Alpsee erschien.

Mit der Ankunft des Schwanenritters war auf dem Alpsee bereits 1865 der ›am Ufer der Schelde‹ spielende erste Akt aus ›Lohengrin‹ realisiert worden, Jahre vor der Grundsteinlegung von Neuschwanstein. Den realistischen Hintergrund dieses ›Bühnenbildes‹ stellte hier noch das nach Plänen des Bühnenbildners Domenico Quaglio ›restaurierte‹ Hohenschwangau dar. Später konnte Ludwig in der ›neuen Burg Hohenschwangau‹, die erst seit dem Todesjahr des Königs – seit sie mit seinen anderen Schlössern ab 1. August 1886 zur öffentlichen Besichtigung freigegeben war – den Namen ›Neuschwanstein‹ trägt, eine weitere ›Reminiscenz‹ aus Lohengrin verwirklichen: das Bühnenbild des zweiten Akts, ›Hof der Burg von Antwerpen‹. Wagner mußte dem König für die Planung eigens »die gewünschte Skizze des Burghofs aus Lohengrin«[60] besorgen. Der Bühnenbildner Christian Jank, der dann die grundlegenden ersten Ansichten für Neuschwanstein geschaffen hat, leitet seine Entwürfe für den Burghof offensichtlich aus dem von Angelo II Quaglio für die Münchner Lohengrin-Inszenierung von 1867 geschaffenen Burghof ab. Sein erster Entwurf zum oberen Burghof von 1868 zeigt links das Ritterhaus, rechts die Kemenate, im Hintergrund der Bergfried mit einem Kapellenportal, das auch in den Details deutlich von der vorderen Kulisse Angelo II Quaglios übernommen ist. In

66 Christian Jank 1871, Entwurf zum oberen Burghof von Neuschwanstein. Der der Ausführung in der Überarbeitung durch den Architekten Eduard Riedel zugrundeliegende Entwurf ist aus dem Vorentwurf Abb. 65 entwickelt, in der Mitte der nach dem Tod des Königs nicht mehr errichtete Bergfried, links das Ritterhaus mit den später nur in vereinfachter Form ausgeführten Arkaden.

dem der Ausführung zugrundeliegenden zweiten Entwurf zum oberen Burghof von 1871 erscheint der Bergfried mit dem Kapellenportal nur wenig verändert, während das Ritterhaus eine neue Arkadenstellung erhalten soll, deren von Ranken überwucherte Doppelsäulen in einer höchst originellen, später nicht ausgeführten Form als auf Felsen wurzelnde ›Bäume‹ aufgefaßt sind. Die rechte Freitreppe verbindet zugleich die als »offener Gang« aufzufassenden Arkaden des Obergeschosses der Kemenate mit dem Burghof, über den sich der von Ludwig als »Reminiscenz« an Lohengrin in dem oben zitierten Brief eigens erwähnte »Weg zur Kapelle« erstreckt. In beiden Entwürfen Janks fehlt selbst der in der Szenenanweisung zu ›Lohengrin‹ vorgeschriebene Ziehbrunnen nicht. Schließlich ist auch ein Entwurf zu einem Schlafzimmer für die zu Lebzeiten des Königs nicht mehr ausgeführte Kemenate erhalten, der mit dem Bett in der Nische der Rückwand ebenso an das Brautgemach des dritten Aufzugs aus ›Lohengrin‹ erinnert, wie ein Entwurf von Georg Dehn, der das Bühnenbild, von dem er den Erker rechts übernimmt, in einen ›historischen‹ Raum mit Fresken aus dem Ritterleben verwandelt.

67 Christian Jank 1870, Entwurf zu den Tribünenarkaden des Ritterhauses von Neuschwanstein.

69 Georg Dehn um 1880, Entwurf zu einem Schlafgemach für Neuschwanstein.

68 Christian Jank 1870, Entwurf zu den Tribünenarkaden des Ritterhauses in Weiterentwicklung.

Die ›neue Burg Hohenschwangau‹ sollte jedoch nach dem Willen ihres Erbauers nicht nur die Burg Lohengrins, sondern gleichzeitig die Burg Tannhäusers sein. In Vorbereitung der Neuinszenierung des ›Tannhäuser‹ war Ludwig auf Anregung Wagners am 31. Mai 1867 mit seinem Bruder Otto und Adjudant Sauer inkognito nach Eisenach an den Schauplatz des Sängerkrieges gereist, zur Wartburg, deren Wiederherstellung im gleichen Jahr abgeschlossen worden war: »Hier liessen sich die drei Fremden in den Räumen der Burg umherführen und zeichneten ins ›Stammbuch‹ ihre Namen ein. Auf die Nachricht von dem überraschenden fürstlichen Besuch eilte der Burghauptmann herbei, um dem hohen Gast die Ehren zu erweisen. Ludwig II. bat ihn, es möge ihm vergönnt sein, ganz allein und durch Verschluß der Türen vor jeder Störung gesichert in den geweihten Räumen zu verweilen. So brachte er längere Zeit in dem Sängersaal und den anstoßenden Gemächern völlig sich selbst überlassen zu. In Eisenach übernachtete der König mit seinen Begleitern. Am nächsten Morgen bestiegen die Gäste den Hörselberg und besichtigten die in Wagners Tannhäuser als Wohnsitz der Venus verherrlichte Grotte.«[61] Zum Eindruck der Wartburg kam wenig später, anläßlich der ersten Pariser Reise Ludwigs, der Eindruck des seit 1858 von Violet-le-Duc restaurierten achttürmigen Schlosses von Pierrefonds, erbaut im 14. Jahrhundert von einem Namensvetter des Königs, Herzog Ludwig von Orleans. Pierrefonds erinnerte den König »ganz an Markes Königsschloß, wie es sich am Ende des 1. Aktes von ›Tristan und Isolde‹ zeigt.«[62]

Während der ›Landschaftsspezialist‹ Heinrich Döll das historisch getreue Abbild der Wartburg im Hintergrund des Wartburgtales aus einem System von Versatzstücken erscheinen läßt, konnte der König seine Burg in der überwältigenden Szenerie der bayerischen Berge aus den zerklüfteten Felsen der Pöllatschlucht aufwachsen lassen, die im Gegensatz zum Bühnenbild nicht nur eine einzige, sondern eine ganze Reihe von Hauptansichten kennt, darunter auch die Ansicht von der Marienbrücke über die Pöllatschlucht, die den König zur Wahl des Platzes bestimmt haben dürfte. Am Anfang von Neuschwanstein stehen daher auch nicht die Pläne eines Architekten, sondern die Ansichten eines Bühnenmalers. Der Architekt, der die vom König vor allem bei Christian Jank bestellten Ansichtsentwürfe in Pläne umzusetzen hatte, war Baurat Eduard Riedel, der schon für Ludwigs Vater 1849-51 Schloß Berg umgestaltet hatte. Sein zweites Projekt vom 8. Juli 1858 legt den Umfang der Burg fest, zu der bereits Kemenate, Ritterhaus, Verbindungsbau und Vorbau gehören. Der Stil wandelt sich nach den Wünschen des Königs in den Ansichten Janks von einer kleinen ›Raubritterburg‹, mit an Nürnberger Vorbilder erinnernden spätgotischen Details, zu einer monumentalen ›romanischen‹ Burg, deren fünfstöckiger Palas etwas an den Palas der Wartburg erinnert – also eine charakteristische Neuschöpfung des Historizismus mit ›Reminiscenzen‹ an die Wartburg, keine Kopie irgendeines vorhandenen historischen Baus.

70

71

72

70 Christian Jank 1868, Vorentwurf zu Neuschwanstein, Ansicht einer kleinen ›spätmittelalterlichen‹ Burg mit der Marienbrücke im Hintergrund.

71 Christian Jank 1868, zweiter Vorentwurf zu Neuschwanstein mit Ansicht einer ›spätmittelalterlichen‹ Burg.

72 Christian Jank 1869, die der Ausführung zugrundeliegende Ansicht der Burg von Nordwesten vor dem Hintergrund der Pöllatschlucht mit der Marienbrücke, von rechts nach links der von Türmen flankierte Palas, Ritterhaus, Bergfried, Viereckturm und der Verbindungsbau zum Torbau.

73

73 Erster Entwurf für Burg Falkenstein von Christian Jank, 1883. Das Projekt für die Burg auf dem Falkenstein bei Pfronten steht in der Nachfolge der frühen Projekte von Neuschwanstein. Ludwig II. erteilte 1884 dem Thurn- und Taxis'schen Oberbaurat Max Schultze aus Regensburg den Auftrag zum Bau der Burg. Von seiner Planung, die sich vor allem auf das byzantinische Schlafgemach im Innern (Abb. 118, 123) konzentrierte, kam nichts zur Ausführung.

Es ist bezeichnend, daß das Projekt Janks, der später auch die erste Ansicht für die nicht mehr ausgeführte ›Raubritterburg‹ Falkenstein geliefert hat, im Sinn der älteren Romantik, die lieber verschiedene historische Bauten kopierte und kombinierte, heftig kritisiert wurde. Der vom Burghauptmann der Wartburg, Herrn von Arnswald, empfohlene Maler Michael Welter, der an der ›Restaurierung‹ der Wartburg mitgearbeitet hatte, erbot sich anhand romanischer Vorbilder in Köln und am Rhein die »nötigen Details« für Neuschwanstein zu liefern und erklärte, das endgültige Projekt Janks müsse, wenn es in dieser Form ausgeführt würde, »die gehässigsten und bittersten Kritiken hervorrufen«. Hofsekretär Düfflipp lehnte jedoch seine Vorschläge in einem Brief vom 21. November 1871 mit der aufschlußreichen Begründung ab: »Nach dem allerhöchsten Willen Seiner Majestät des Königs soll das neue Schloß im romanischen Style gebaut werden. – Da wir nun gegenwärtig 1871 schreiben, so sind wir über jene Zeitperiode, welche den romanischen Stil entstehen ließ, um Jahrhunderte hinausgerückt und es kann doch wohl kein Zweifel darüber bestehen, daß die inzwischen gemachten Errungenschaften im Gebiete der Kunst und Wissenschaft uns auch bei dem unternommenen Bau zu gut kommen müssen. – Ich will damit durchaus nicht gemeint haben, daß wir uns am Style selbst Aenderungen erlauben dürften, welche dessen Charakter beeinträchtigen würden, aber ebenso wenig möchte ich zugeben, daß wir uns ganz in die alte Zeit zurückversetzen und auf Erfahrungen verzichten sollen, welche sicherlich schon damals verwerthet worden wären, wenn sie bestanden hätten.«[63]

Leicht gotisierende Formen bewahrte schließlich nur der bereits 1873 mit der Ausstattung vollendete Torbau. Die übrigen Teile der Burg nahmen nach Wegfall vieler malerischer Details des Jankschen Entwurfs unter Leitung des seit 1874 als Riedels Nachfolger tätigen Georg Dollmann immer strengere Formen an; sie machen einen fast nüchternen Eindruck, der durch den nach des Königs Tod in vereinfachter Form ohne den geplanten Bergfried geschaffenen Abschluß des Hofes noch verstärkt wird. »Heilig und unnahbar«, mit den Worten aus der Gralserzählung Lohengrins, charakterisiert der König in dem eingangs zitierten Brief die Lage der aus den Felsen aufgewachsenen Burg, die sich in seiner Vorstellung später von der Burg Lohengrins und Tannhäusers immer mehr zur Gralsburg Parsifals wandelte. Da er in den späteren Jahren gewohnheitsmäßig die Nacht zum Tage machte, hat er die eindrucksvollen Silhouetten der Burg sicher oft in nächtlicher Beleuchtung erlebt. »Bei schönstem Wetter sind wir hier angekommen«, schreibt Kabinettssekretär Ziegler 1881, »und haben im Vorüberfahren die neue Burg bewundert, welche einen brillianten Eindruck macht. Wenn sie der König nur auch einmal im Sonnenschein sehen würde!«[64]

Von Anfang an war mit dem Projekt der neuen Burg ein Sängersaal nach dem Vorbild des erst 1867 vollendeten und im gleichen Jahr vom König besichtigten Festsaals der Wartburg verbunden, dessen Plan schon 1856 auf Befehl König Friedrich Wilhelms IV. für das Bühnenbild des zweiten Akts der Berliner Erstaufführung des ›Tannhäuser‹ gedient hatte. Noch vor der Grundsteinlegung der Burg, die erst am 5. September 1869 statt-

74

75

74 Modell zum 2. Aufzug des ›Tannhäuser‹ nach dem Vorbild der Sängerhalle auf der Wartburg, Angelo II Quaglio 1866. Bei der Münchner Neuinszenierung von 1867 auf Wunsch Wagners nicht verwendet (vgl. Abb. 47) bildet das Modell den Ausgangspunkt für die Planung des Sängersaals von Neuschwanstein.

75 Christian Jank 1878, Entwurf zur Sängerhalle von Neuschwanstein. Die Sängerhalle wurde schließlich nach Entwürfen Julius Hofmanns (Abb. 76, 77) ausgestaltet.

76 Julius Hofmann und August Spieß 1882, Aufriß eines Wandfeldes des Sängersaals mit dem Gemälde ›Parsifal hört auf der Jagd zuerst von Ritterschaft‹.

77 Julius Hofmann 1883, Sirene und Paradiesvogel, Entwürfe zu den Leibungen der Tribünenbögen des Sängersaals.

76

77

fand, entwarf Christian Jank den Sängersaal für das obere Geschoß des Palas, ja die ganze Burg wurde gewissermaßen für diesen Saal gebaut, wie später Herrenchiemsee um des Paradeschlafzimmers und der Spiegelgalerie willen gebaut wurde. Die Grundlage bildeten genaue Aufmaße und Ansichten des Festsaals der Wartburg. So hält sich schon der erste Entwurf Janks von 1868, von Details abgesehen, weitgehend an das Vorbild auf der Wartburg. Die perspektivische Ansicht zeigt auch die »Aussicht auf die Burg im Hintergrunde«, die Ludwig in dem oben zitierten Brief an Wagner[65] als »Reminiscenz« aus ›Tannhäuser‹ erwähnt. An der der Balkonwand gegenüberliegenden Seite wurde mit der aus drei Arkaden vor dem Hintergrund eines Waldprospekts gebildeten ›Sängerlaube‹ ein Motiv aus dem eigentlichen Sängersaal der Wartburg mit dem Festsaal verbunden, nachdem Ludwig bereits für die Neuinszenierung des ›Tannhäuser‹ von 1867, im Gegensatz zu dem die Sängerhalle der Pariser Erstaufführung von 1861 vorschreibenden Wagner, ein Bühnenbild aus den Motiven des ›historischen‹ Sängersaals zusammengesetzt wissen wollte. Der Entwurf Janks für die Sängerlaube von 1879 wurde in dem für die Ausführung bestimmten Aufriß Julius Hofmanns von 1883 in das wesentlich reichere Dekorationsprogramm mit der Parzival-Legende eingefügt. Das mit der Planung des Thronsaals zusammenhängende neue Bildprogramm erscheint zuerst in einem Entwurf Georg Dehns von 1880, der nicht nur die Farbstimmung von Janks zweitem Entwurf von 1878 verändert, sondern auch die nach dem Vorbild der Wartburg geplanten Helden- und Heiligenfiguren durch Wandgemälde zur Parzival-Sage ersetzt. Der König hat diese Planänderung offenbar Anfang 1878 beschlossen und die bereits genehmigten Entwürfe verworfen, denn der Entwurf Janks von 1878 wird am 26. Januar mit folgender Begründung abgelehnt: »Erstens sind die Farben nicht lebhaft genug, zu sehr in einen grauen Ton übergehend, und zweitens gefällt auch jetzt die ganze Eintheilung des Saales nicht, weil an den Wandtheilen zu wenig Bilder aus der Sage des Parcival angebracht werden können. Für letzteren Umstand kann nun freilich Herr Maler Jank nichts, weil Seiner Majestät dem Könige der Grundriß des Saales vom Herrn von Dollmann mit Angabe jener Bilder, die an den Wänden Platz finden könnten allerunterthänigst zur Genehmigung vorgelegt wurde und Allerhöchstdieselben sie auch vollkommen ertheilten.«[66]

Der Sängersaal, der nach seiner Vollendung im späteren 19. Jahrhundert seinerseits wieder als ›historisches‹ Vorbild und Anregung für Bühnenbilder des ›Tannhäuser‹ gedient hat, wurde nach den 1883 gezeichneten Aufrissen Julius Hofmanns vollendet. Nach bereits um 1880 entstandenen Entwürfen von Julius Hofmann, der 1884 als Nachfolger Dollmanns die Leitung sämtlicher Bauten des Königs übernahm, wurden auch die unter dem Sängersaal im dritten Geschoß des Palas liegenden Wohnräume ausgestattet. Hofmann, ein höchst virtuoser Entwurfskünstler, der in seiner Jugend mit seinem Vater für Erzherzog Maximilian in Schloß Miramare bei Triest gearbeitet hatte und 1864 den Auftrag erhielt, für den zukünftigen Kaiser das Rathaus von Mexiko in eine Residenz zu verwandeln, hat die gesamte ›romanische‹ Innendekoration von Neuschwanstein mit allen Möbeln und Einrichtungsgegenständen entworfen, in denen wie ein Leitmotiv immer wieder der Schwan erscheint, auch Lohengrin selbst als silberne Statuette auf dem Schreibzeug des Arbeitszimmers. Nur das auf einen Vorentwurf Peter Herwegens zurückgehende Schlafzimmer und die anschließende Kapelle zeigen einen ›spätgotischen‹ Stil mit Möbeln, die sich in ihren vergleichsweise ›historischen‹ Formen deutlich von der »in den Geist des Stils noch nicht eingedrungenen«[67], biedermeierlichen Neugotik in Hohenschwangau absetzen. Wie genau der König dabei selbst auf den rechten »Styl« achtete, kann seine Kritik an der Zeichnung Hofmanns zum Bettbaldachin des Schlafzimmers zeigen: »Die Ausführung selbst ist nicht fein genug, seine Majestät denken Sich die Holzschnitzereien viel zierlicher, filigranartiger. Der Baldachin selbst soll in seinem Mittelpunkt am höchsten sein, die Verzierungen sollen nach vorn und hinten und nach beiden Seiten abfallen. Es sollen nicht der ganzen Länge des Baldachins nach die Verzierungen in gleicher Höhe durchlaufen. Euer Hochwohlgeboren möchten einige gute Werke über gothischen Styl durchsehen, um den Zeichner auf seine Fehler aufmerksam machen zu können.«[68] Den Vollendungstermin der Wohnräume, setzte der »bei der bekannten Langweiligkeit der Künstler«[69] stets höchst ungeduldige König ohne jede Rücksicht auf die Qualität und Eigenheiten der Künstler fest, als gelte es, einen Premierentermin für das Theater einzuhalten. Der Termin, den die Maler Hauschild, Spieß, Piloty, Aigner und Ille in den Wohnräumen von Neuschwanstein in verzweifelter Tag- und Nachtarbeit einzuhalten verstanden, war der erste Weihnachtsfeiertag 1881.

78

78 Julius Hofmann 1881, Aufriß der Wand des Schlafzimmers von Neuschwanstein mit der Tür zur Kapelle, oben das dann von August Spieß ausgeführte Wandbild ›Tristan auf dem Krankenlager‹.

79

80

81

79 Julius Hofmann 1881, Entwurf für einen Tischleuchter im Wohnzimmer von Neuschwanstein.

80 Julius Hofmann 1882, Entwurf eines Schwammbehälters zum Waschtisch des Schlafzimmers (Taf. 10).

81 Julius Hofmann 1882, Entwurf zur Schreibmappe des Arbeitszimmers von Neuschwanstein.

82 Das Speisezimmer des Torbaus von Neuschwanstein, Photographie gegen 1900 (Coll. Hanfstaengl). Der bis 1873 vollendete Torbau wurde nach Entwürfen von Michael Welter ausgestattet: »Zur Sache kommend, sende ich Ihnen nun den Plan des Torgebäudes und ersuche Sie freundlich, zur Küche, zu den Wirtschaftslokalitäten und zu den Wohnräumen die Einrichtungsgegenstände inclusive Öfen in einzelnen Blättern zu entwerfen, hiebei in der Zeichnung den romanischen Stil festzuhalten, dabei aber gleichwohl der jetzigen Lebensweise und der damit verflochtenen Bequemlichkeit möglichst Rechnung tragen zu wollen«, schreibt Hofrat Düfflipp am 11. November 1871 an Welter. Die Wohnräume im 2. Obergeschoß waren bis zur Fertigstellung des Palas für den gelegentlichen Aufenthalt des Königs bestimmt.

83 Der untere Gang im 1. Obergeschoß des Palas von Neuschwanstein, Photographie gegen 1900 (Coll. Hanfstaengl). Seitlich des Ganges liegen die Dienerschaftsräume.

84-87 Die königlichen Wohnräume von Neuschwanstein gegen 1900, Photographien des Münchner Verlags Franz Hanfstaengl (Collection Hanfstaengl).

86

84 Wohnzimmer (vgl. Taf. 9), im Hintergrund das Gralswunder (›Lohengrins Erwählung durch den heiligen Gral‹) eines der Wandgemälde von Wilhelm Hauschild, auf dem großen Schrank links Gemälde von Ferdinand Piloty mit Darstellungen mittelalterlicher Dichter.

85 Ankleidezimmer. Die Eichenholzvertäfelung rahmt Gemälde von Eduard Ille, ›Die Vögel lehren Walther von der Vogelweide das Singen‹, ›Walther singt am Hof Herzog Welfs sein Lied zum Lob deutscher Sitte‹ u.a. Auf dem Toilettentisch eine Waschgarnitur von Villeroy & Boch.

Schon Ludwigs Vater Maximilian II. hatte Hohenschwangau mit auf den Ort bezogenen Sagenbildern ausmalen lassen, darunter auch die Lohengrin-Sage, die dem jungen Ludwig durch diese Fresken schon vertraut gewesen sein muß, ehe er die Dichtung Wagners kennenlernte. Die Vorlagen zu den Hohenschwangauer Sagenbildern waren vor allem Aquarelle Moritz von Schwinds, die später in einem von Ludwig besonders geschätzten Album vereinigt wurden[70]. Ludwig, der sich von dem Literaturhistoriker Dr. Hyazinth Holland, einem Spezialisten mittelalterlicher Ikonographie, verschiedene Vorschläge ausarbeiten ließ, wählte für die Burg, die nach dem bereits zitierten Brief [71] einmal ein »Tempel« Wagners werden sollte – ein Tempel, den der Komponist nie betreten hat –, fast nur Themen aus dem Umkreis der Wagnerschen Opern. Doch ergeht schon 1879 die Weisung: »Die Bilder in der neuen Burg sollen nach der Sage und nicht nach der Wagnerischen Angabe gemacht werden.«[72] Dabei spielen in den Wandbildern natürlich die Sagen von Lohengrin und Tannhäuser eine bedeutende Rolle: Lohengrin im Wohnzimmer in Wandbildern von August Heckel – ›Lohengrins Ankunft‹ – und Wilhelm Hauschild – ›Die Gralswunder‹, ›Lohengrins Aufbruch von der Gralsburg‹, ›Lohengrins Landung in Antwerpen‹, ›Lohengrin begrüßt Elsa‹, ›Elsa klagt Lohengrin ihr Leid‹, ›Lohengrins Kampf mit Telramund‹, ›Elsas Frage‹, ›Lohengrins Heimfahrt‹ u.a., Tannhäuser im Arbeitszimmer in Wandbildern von Joseph Aigner – ›Tannhäuser zieht zur Wartburg‹, ›Tannhäuser im Venusberg‹, ›Tannhäusers Begegnung mit dem Landgrafen‹, ›Sängerkrieg auf der Wartburg‹, ›Ankunft Tannhäusers auf der Wartburg‹, ›Tannhäuser als Büßer vor Papst Urban IV.‹ u.a. Nach Vollendung der Gemälde schrieb Ludwig an Wagner: »Auch meine Bauten machen mir viel Freude. Mit der neuen Burg zu Hohenschwangau geht es rüstig vorwärts, wenn auch die gänzliche Vollendung noch ziemlich lang auf sich warten lassen wird. Von den Wänden meiner Wohngemächer leuchten in recht gelungener Ausführung Bilder jener mir durch Ihre Verherrlichung, hochgeliebter Freund, so an's Herz gewachsenen Sagen herab: ›Tannhäuser‹, ›Lohengrin‹, ein Cyclus aus ›Tristan und Isolde‹, Walther von d. Vogelweide, Scenen aus Hans Sachsens Leben sind dort zu schauen; Bilder aus der alten, durch Sie neu verklärten Nibelungensage werden folgen ...«[73]

Schon mit den seit 1865 für Schloß Berg erworbenen Gemälden aus Illes Zyklus ›Aus deutscher Sage und Geschichte‹ (darunter auch die Lohengrinsage und Tannhäusersage) und den ebenfalls für Berg erworbenen Gemälden von Heinrich und August Spieß greift Ludwig ganz bewußt auf die historischen Quellen des Wagnerschen Werkes zurück, das er im übrigen, auch wenn Wagner mit diesen Quellen völlig frei schaltet, als eine Art selbst wieder historisch gewordener Offenbarung anerkennt, während er später die historischen Quellen seiner ›Hofdichter‹, denen er nicht den kleinsten ›Fehler‹ durchgehen ließ, persönlich überprüfte oder überhaupt in allen Einzelheiten vorschrieb. Als der König 1865 Wagner Illes Gemälde

87

86 Wintergarten. Der Brunnen in dem an die Grotte (Taf. 8) anschließenden Wintergarten war für einen nicht mehr zur Ausführung gelangten Maurischen Saal bestimmt. Der mit höchst modern wirkenden Ganzglasscheiben verglaste Wintergarten erscheint außen am Palas als Balkon und bietet einen weiten Ausblick in die Landschaft.

87 Hauskapelle. Die an das Schlafzimmer (Taf. 10, 12) anschließende Hauskapelle hat einen Flügelaltar mit Gemälden von Wilhelm Hauschild: der hl. Ludwig (König Ludwig IX. von Frankreich), der Namenspatron des Königs, zwischen Engeln.

›Das Lied vom Ritter Tannhäuser‹ schenkte, an dem der Komponist anläßlich eines Besuches in Schloß Berg am 16. Juli Gefallen gefunden hatte, dankt dieser dem König mit einigen aufschlußreichen Bemerkungen über die »künstlerische Verstellung« der Historienmalerei, die man auch auf die späteren Fresken von Neuschwanstein beziehen könnte: »Noch hatte ich für die Statuette des Lohengrin zu danken, da kam, zu meinem wahren Erstaunen, das Tannhäuserbild an. Fast bereute ich, es für so interessant erklärt zu haben, da der Liebste nun glaubte, sich Selbst um meinetwillen berauben zu müssen ... Wahrlich, Theuerster! Das Bild fesselt mich sehr. Es gehört einer Manier an, welche durch Cornelius geschaffen, und auch durch Ille's Meisterschaft charakteristisch gepflegt worden ist: sie reproduzirt, gleichsam nachholend, die Auffassung des klassischen Mittelalters in der Weise, wie man annehmen dürfte, dass damals die dichterischen Gegenstände malerisch dargestellt worden wären, wenn die Malerkunst auf gleicher Höhe mit der mittelalterlichen Poesie sich ausgebildet haben würde. Von dem Vorwurf einer gewissen Affectation und künstlerischen Verstellung wird diese Manier daher wohl nie frei sein können, und ich glaube durch meine Dichtungen und scenischen Anordnungen bewiesen zu haben, dass die Gegenstände des Mittelalters in einer idealeren, rein menschlicheren, allgemein giltigeren Weise dargestellt werden können, als diese Malerschule es sich zur Aufgabe macht. Der Maler, der meiner Auffassung ganz zu entsprechen vermag, ist daher wohl erst noch zu finden.«[74]

»Hoffentlich werden sich die Maler finden lassen, die Ihren Intentionen vollkommen entsprechen«[75], wünscht der König, doch Wagner hat diese Maler zu seinen Lebzeiten eigentlich nie gefunden, – Verhandlungen mit Böcklin über die Bühnenbilder für seinen Bayreuther ›Parsifal‹ führten zu keinem Ergebnis, da der Maler kein Freund des Gesamtkunstwerks war

88 ›Die Tannhäuser-Sage‹, Gemälde von Eduard Ille 1865. Das früher in Schloß Berg befindliche Bild (vgl. Abb. 12) gehört zu Illes Zyklus ›Aus deutscher Sage und Geschichte‹.

und nur seine eigenen Bildvorstellungen verwirklichen wollte. Ludwig II. aber, der – ganz im Gegensatz zu seinem Großvater Ludwig I. – nur ein einziges Bild von Bedeutung angekauft hat, Feuerbachs ›Medea‹[76], war an eigenwilligen Malerpersönlichkeiten gar nicht interessiert. Er verlangte für Neuschwanstein »nur solche Maler, welche die mittelalterliche Poesie genau studieren«[77], d.h. Historienmaler, die sich genau an die aufgrund literarischer Studien gewonnene geistige Konzeption des Königs hielten, deren oberster Grundsatz eine echte oder vermeintliche ›historische Wahrheit‹ in poesievoller Verklärung war. »Wie schön kann das Bild aus ›Lohengrin‹ werden« – schreibt der König 1866 an Cosima von Bülow zu einem bei Kaulbach bestellten Karton – »Der König, sein Heerbann, Mannen u. Frauen sind versammelt am Ufer der Schelde; der Schwan mit dem verhängnißvollen Nachen ist schon angelangt; nocheinmal wendet sich der Theure Held zu Elsa, um den letzten, schweren Abschied von ihr zu nehmen; sein Blick muß in die Tiefe der Seele dringen, jeder Beschauer muß die fürchterlichen Seelenqualen miterleben; in Trauer, in namenlosem Jammer blicken die Umstehenden auf den Scheidenden, den ›holdunseligen Mann‹; sehnsüchtig ist der stumme Blick, welchen der Schwan auf Lohengrin richtet (rührend könnte des Malers Pinsel dieß ausführen). – So denke ich mir das Lohengrin-Bild.«[78] Und zu einem Entwurf Heckels, der Lohengrins Ankunft in Neuschwanstein zu behandeln hatte, ergeht die Weisung des Königs: »S.M. wünschen, daß in dieser Skizze das Schiff weiter entfernt vom Ufer ist, dann, daß die Kopfstellung Lohengrins nicht so schief ist, auch soll die Kette vom Schiff an den Schwan nicht aus Rosen sondern Gold sein, und soll die Burg in mittelalterlichem Styl gehalten sein.«[79]

Während zur gleichen Zeit in Bayern ein Wilhelm Leibl malt, kommt es dem König offenbar nur auf das ›Was‹ an, weniger auf das ›Wie‹, obwohl mit seinen scheinbar Äußerlichkeiten betreffenden Kritiken, immer auch ein bestimmter Stil evoziert wird. Denn da er genau sehen will, was dargestellt ist, lehnt er jede »ungenaue« Darstellungsweise ab, bezeichnet in flüchtiger, malerischer Manier gehaltene Bilder als »gehudelt« und verdammt jede Übertreibung als »karikiert«. Natürlich ist auch für alles »Gewöhnliche« kein Platz in dieser Historienmalerei, die durch die vom König im Bewußtsein der eigenen Würde geforderte »erhabene« und zugleich »natürliche« Darstellungsweise nicht erträglicher wird. Wie schwierig es war, den Wünschen des Königs gerecht zu werden, mag abschließend seine heftige Kritik an einem Karton Kaulbachs zum Schlußbild des Tannhäuser zeigen: »Kaulbach, dessen Carton nach meinem Willen von ihm verbessert wird«, schreibt Ludwig 1867 an Wagner, »hat ein wahres Talent, Ihre herrlichen Intentionen nicht im mindestens zu begreifen. Das Wartburgthal (III Akt) prangt im Lenzesschmuck; Elisabeth liegt auf der Bahre wie ein blühendes Mädchen, das von Kummer und verzehrender Pein keine Ahnung hat; Tannhäuser stiert sie an mit glotzenden Augen, als sähe er ein Gespenst; der Landgraf rollt die Augen vor Wuth, als hätte er eben Verhaftungsbefehle erteilt; vor der Bahre kniet ein trauerndes Mädchen wie ein aufwartender Pudel. – Nun genug hievon.«[80]

89 ›Lohengrins Abschied‹, Wilhelm Kaulbach 1866.

Schloß Neuschwanstein Tafel 3-22

3 Schloß Neuschwanstein von Osten: Die ›Neue Burg Hohenschwangau‹, die erst seit 1886, seit sie zur öffentlichen Besichtigung freigegeben wurde, den Namen ›Neuschwanstein‹ trägt, sollte nach Ludwigs Vorstellungen »Reminiscenzen« aus den Wagnerschen Opern ›Lohengrin‹ und ›Tannhäuser‹ vereinen. Die ersten Entwürfe stammen bezeichnenderweise von Christian Jank, einem Bühnenmaler (Abb. 70-72). Wie sein Vater Maximilian mit der im Hintergrund sichtbaren Burg Hohenschwangau die Ruine Schwanstein wiederherstellte, war auch die neue Burg Ludwigs in einzigartig beherrschender Lage oberhalb des Alpsees als »Wiederaufbau« der Ruine Vorderhohenschwangau gedacht. Der Bau, zu dem am 5. September 1869 der Grundstein gelegt wurde, stand unter Leitung Eduard Riedels, der bis 1873 den Torbau vollendete. Nachfolger Riedels war seit 1874 Georg Dollmann, bis 1884 Julius Hofmann die Leitung sämtlicher königlicher Bauten übernahm. Beim Tod des Königs war zwar der Hauptbau, der Palas, schon seit 1881 unter Dach, doch der die Anlage beherrschende Bergfried ist nie über die Fundamente hinausgekommen (vgl. Abb. 59-61).

4 Schwan aus Majolika. Der Lieblingsvogel Ludwig II., der schon im Bildprogramm von Hohenschwangau eine entscheidende Rolle spielt, ist in der Vorstellung des Königs gleichsam Symbol für die ›Welt des Mittelalters‹ und verbindet sich hier mit der Idee einer neuen Burg des Schwanenritters Lohengrin. Der 1884 gelieferte Schwan im Wohnzimmer des Königs war – mit einem Deckel zwischen den Flügeln – als Blumenvase gedacht.

5 Oberer Burghof. Der an das Bühnenbild ›Hof der Burg von Antwerpen‹ (›Lohengrin‹, 2. Aufzug) erinnernde Hof (vgl. Abb. 64) wird von der Giebelfront des Palas, links der Kemenate (erst nach dem Tod des Königs bis 1892 errichtet), rechts dem Ritterhaus begrenzt. Das 1882 begonnene Ritterhaus stand 1886 zum Teil noch im Rohbau (vgl. die in vereinfachter Form ausgeführten Arkaden mit den Entwürfen Abb. 65-68).

6 Arbeitszimmer. Seine Wohnräume im 3. Obergeschoß des Palas konnte der König zum ersten Mal vom 27. Mai bis 8. Juni 1884 beziehen. Die Entwürfe zu den mit Ausnahme des neugotischen Schlafzimmers im »romanischen Style« ausgestatteten Zimmern stammen zum größten Teil von Julius Hofmann, der hier schon unter Dollmann gearbeitet hat (vgl. Abb. 76-81). Die Aufträge gingen an verschiedene Münchner Werkstätten: die Möbel für Neuschwanstein wurden von Anton Pössenbacher geliefert, die Textilien von Dora und Mathilde Jörres und Hoftapezierer Max Steinmetz, die verschiedenen Leuchter von Hofsilberarbeiter Eduard Wollenweber. Die ebenfalls von Hofmann entworfene Schreibgarnitur mit Lohengrin-Statuette auf dem Arbeitstisch wurde nach Modellen Philipp Perrons 1883 von Ferdinand Harrach ausgeführt.

7 Tannhäuser im Venusberg. Die Gemälde des Arbeitszimmers mit Szenen aus der Tannhäuser-Sage stammen von Joseph Aigner 1881.

8 Grotte. Das in dem Gemälde des unmittelbar vorausgehenden Wohnzimmers dargestellte Motiv des ›Hörselberges‹ (Taf. 7) übernimmt die kleine Tropfsteinhöhle, die wie die Linderhofer Grotte (Taf. 24) von dem »Landschaftsplastiker« August Dirigl geschaffen wurde und mit einem Wintergarten (Abb. 86) verbunden ist.

9 Wohnzimmer. Wie das Arbeitszimmer durch eine Bogenstellung mit neuromanischen Säulen unterteilt, besitzt das Wohnzimmer eine von Wilhelm Hauschild und August von Heckel geschaffene Serie von Wandgemälden mit Szenen aus der Lohengrin-Sage (vgl. Abb. 84). Auch die 1883 von Max Steinmetz gelieferten Vorhänge zeigen das Schwanenmotiv: gekrönte Schwäne und Lilien in goldener Stickerei und Applikationen auf hellblauer Seide.

10/12 Schlafzimmer. Als einziger in neugotischen Formen ausgestattet, schmücken den Raum über der Eichenholzvertäfelung Gemälde zum Thema ›Tristan und Isolde‹ von August Spieß 1881. Der in einer Krone aus Fialen endende Baldachin des Bettes und der Waschtisch sind wie die ganze Ausstattung von Julius Hofmann entworfen (vgl. Abb. 78). Die Waschgarnitur mit dem ›Schwanenbrunnen‹ als Wasserspender (ein versilberter Bronzeschwan) und einer in die Marmorplatte eingebauten kippbaren Waschschüssel wurde 1883 von Eduard Wollenweber geliefert. Das Schlafzimmer ist mit einer Hauskapelle verbunden (Abb. 87).

11 Ein Genius erscheint Ludwig II. Das Gemälde von Ferdinand Leeke, wohl erst nach dem Tod des Königs entstanden, zeigt ihn, mit seinen Büchern beschäftigt, in den Wohnräumen von Neuschwanstein, vermutlich an seinem Schreibtisch im Arbeitszimmer (Taf. 6).

13/14 Speisezimmer. Der Raum wurde mit Szenen aus dem Leben des Landgrafen Hermann von Thüringen und Minnesänger-Bildnissen von Ferdinand Piloty und Josef Aigner ausgemalt, rechts neben der Tür ›Der Landgraf gibt Heinrich von Veldeke dessen wiedergefundene Dichtung Äneide zurück‹. Die reichen Türbeschläge stammen wie sämtliche Eisenarbeiten von Karl Moradelli. Der Tafelaufsatz ›Siegfried im Kampf mit dem Drachen‹ wurde 1885/86 von Eduard Wollenweber in vergoldeter Bronze ausgeführt (nach einem Modell von Bildhauer Ludwig Bierling).

15 Nördlicher Treppenturm mit Palmensäule. Die zum 4. Obergeschoß mit dem Sängersaal führende Wendeltreppe wurde nach Entwürfen Julius Hofmanns gestaltet, zu Füßen der Palmensäule eine steinerne Drachenfigur als ›Wächter des Turms‹.

16 Drachenkampf. Das Gemälde ›Siegurds (Siegfrieds) Sieg über Fafnier‹ malte Wilhelm Hauschild 1882 für den Vorplatz der königlichen Wohnräume. Wie mit Lohengrin hat sich Ludwig II. auch mit Siegfried und Parsifal identifiziert.

17/18 Sängersaal. Der nach den ersten Entwürfen Christian Janks (Abb. 75) am Vorbild des Festsaals der Wartburg orientierte Sängersaal im vierten Obergeschoß des Palas erhielt seine bühnenartige ›Laube‹ mit Waldprospekt in Erinnerung an die Laube des Sängersaals der Wartburg. In Abänderung des ursprünglichen Programms wurde der nach Entwürfen Julius Hofmanns (Abb. 76, 77) gestaltete Sängersaal von August Spieß 1883/84 mit Bildern zum Parzifal nach Wolfram von Eschenbach ausgemalt und damit unmittelbar in Beziehung zum Thema des Thronsaals gesetzt. Taf. 17 zeigt einen Ausblick vom Sängersaal auf die Hänge der Pöllatschlucht.

19 Ludwig II. *auf dem Balkon des Thronsaals.* Gemälde von Ferdinand Leeke.

20/21 Thronsaal. Nach dem aus dem Projekt für einen Gralstempel in byzantinischem Stil entwickelten Vorentwurf Eduard Illes (Abb. 117) wurde der Thronsaal von Neuschwanstein in seiner endgültigen Form erst 1884 von Julius Hofmann entworfen und erhielt nie den in der Apsis vorgesehenen Thron. Durch den Thronsaal wandelt sich der vom jungen König als Wartburg Tannhäusers und Burg des Schwanenritters Lohengrin (Parsifals Sohn) konzipierte Bau in die Gralsburg Parsifals. Fürbitter des hier um seine Erlösung ringenden Königs ist der in Gemälden von Wilhelm Hauschild als Überwinder des Bösen dargestellte Ritter Georg, der Erzengel Michael sowie die sechs heiliggesprochenen Könige in der Apsis, im Mittelpunkt als Namenspatron Ludwig II. der Heilige Ludwig (Ludwig IX. von Frankreich). Die verschiedenen Materialien, der Mosaikfußboden, die in den Galerien unten Porphyr, oben Lapis Lazuli imitierenden Stuckmarmorsäulen (Taf. 21) betonen mit den Wandgemälden auf Goldgrund und dem riesigen Kronleuchter aus vergoldetem Messing (Eduard Wollenweber nach Entwurf Julius Hofmanns) den Anspruch dieses Saales als Heiligtum eines von allem Übel erlösten und entsühnten Königtums.

22 Schloß Neuschwanstein von Nordosten.

10

11

12

14

15

17

18

19

20

Die Venusgrotte

An das Arbeitszimmer schließt sich in Neuschwanstein ein kleiner Grottenraum mit als Felsen verkleideten Türen an, die farbig zu beleuchtende Nachbildung einer Tropfsteinhöhle, die ursprünglich sogar durch einen kleinen Wasserfall belebt war und sich über eine Schiebetür gegen einen als Wintergarten gestalteten verglasten Balkon öffnet. Dieser um 1880 von dem ›Landschaftsplastiker‹ August Dirigl gestaltete Raum ist in Anschluß an das Tannhäuser Thema der Wandbilder des Arbeitszimmers als Grotte des Hörselberges zu verstehen. Damit vereinigt das Schloß nicht nur die drei Bühnenbilder des ›Lohengrin‹, sondern mit dieser Grotte, mit der Ansicht des Schlosses von fern – ›Tal der Wartburg‹ – und dem Sängersaal, auch die drei Bühnenbilder des ›Tannhäuser‹. Vor dieser kleinen Venusgrotte plante Ludwig jedoch in Neuschwanstein zunächst ein großes Felsenbad, wie schon sein Vater Maximilian im Erdgeschoß des Löwenturms von Hohenschwangau ein Bad in Form einer künstlichen Felsenhöhle hatte anlegen lassen. Ludwig II., der dieses Bad bei seinen häufigen Aufenthalten in Hohenschwangau benützte, konnte es von seinem Schlafzimmer im zweiten Obergeschoß über die Wendeltreppe des Löwenturms erreichen: die aus einem künstlichen Felsen gebildete Tür öffnete sich in einen kleinen, in den Marmorfelsen der Burg gesprengten Raum, dessen rote Deckenbeleuchtung sich in dem geschliffenen rötlichen Marmor der Felswand widerspiegelt. Zwei noch nicht für Linderhof bestimmte Projekte zu einem in den Dimensionen das Bad im Löwenturm bei weitem übertreffenden Bad in der ›Neuen Burg‹, sind erhalten: ein Entwurf Fidelis Schabets von 1869 und ein Franz Seitz zuzuschreibender Entwurf, die wohl gleichzeitig als Alternativlösungen der gleichen Aufgabe – eine links rot, rechts blau zu beleuchtende Grotte – entstanden sind, wobei die gebaute Felsenarchitektur des Historienmalers und sein rechteckiges Wasserbecken mit Springbrunnen vom Bühnenmaler in eine ›natürliche‹ Tropfsteinhöhle mit kleinem See und Wasserfall verwandelt wird. Beide fügen in die Rückwand des rot beleuchteten Teils ein Gemälde ein, der Höhepunkt des Bacchanals im Venusberg nach der Szenenillustration von Michael Echter, also entsprechend der Münchner Neuinszenierung des ›Tannhäuser‹ von 1867, das Schabet als Bild säuberlich rahmt und von einem Herrn in Frack und Zylinder betrachten läßt, während es Seitz als Erscheinung in die unregelmäßige Felsstruktur einbettet. Bei Schabet ist rechts hinten eine Wendeltreppe sichtbar, die wie in Hohenschwangau von den oberen Räumen des Schlosses in die Grotte hinabführen soll, bei Seitz nur noch die Andeutung einer Treppe.

In einem Schreiben Stallmeister Richard Hornigs an Düfflipp ergeht dann der Befehl, die Idee der Venusgrotte von Neuschwanstein auf die im Park von Linderhof, nördlich des Schlosses am Fuß des ›Hennenkopfes‹, geplante künstliche Grotte zu übertragen: »Seine Majestät beabsichtigten früher im hiesigen neuen Schlosse ein Bad herstellen zu lassen, und war dasselbe als Grotte gedacht, am Ende ein großes Bild, welches jene Scene aus der Oper ›Tannhäuser‹ vergegenwärtigen sollte, in welcher Tannhäuser bei Beginn der Vorstellung im Venusberg weilt. Da auf der neuen Burg der

Platz zur Ausführung dieses Projectes sehr knapp gemessen ist, so beabsichtigen Seine Majestät diese Idee in der Grotte des Linderhofes ins Leben zu rufen. Es liegt daher Allerhöchst Derselben sehr viel daran, daß der Bau an dieser Grotte mit dem höchsten Eifer betrieben wird und treffen Seine Majestät deßwegen folgende Anordnung.

1. Soll dem kgl. Hofbaudirektor Dollmann der äußere Bau der Grotte übergeben werden.
2. Hat der Landschaftsplastiker Dirigl selbständig die innere Ausschmükkung der Grotte zu leiten.
3. Soll Herr Hofbaudirektor Dollmann zwei tüchtige Maler bestimmen, die das Grottenbild entsprechend herstellen können. Maler von Heckel wäre der Majestät ganz recht, weil sein Bild im Bade des Linderhofs so zur Allerhöchsten Zufriedenheit ausgefallen ist ... Das Bild soll den Tanz der Bajaderen im Venusberg vorstellen, die Maler sollen sich ganz genau nach den Angaben Richard Wagners halten, und recht bald eine Skizze desselben in Vorlage bringen. In Wien wird gegenwärtig ›Tannhäuser‹ mit sehr schöner Scenierung gegeben, einer solchen Vorstellung möchten die beiden Maler beiwohnen.«[81]

Der König, der schon bald mit der Betreibung des Linderhofer Grottenprojekts durch Hofgartendirektor von Effner höchst unzufrieden war, übertrug die Bauleitung Dollmann und überließ dem ›Landschaftsplastiker‹, dem schon vorher zugesichert worden war, daß ihm durch Effner »nicht die Hände gebunden sein« sollten[82], die Gestaltung des Inneren. Trotzdem hatte Effner später, wie aus mehreren Schreiben hervorgeht, die Direktion der Grotte, während Dollmann nur die in Ziegelmauerwerk ausgeführte Einwölbung plante und überwachte. Im April 1876 konnte der König das im Weißen Saal der Residenz ausgestellte Grottenmodell Dirigls besichtigen[83]. Die Beleuchtung des Modells war unter Leitung des Privatdozenten Dr. M.Th. Edelmann eingerichtet worden. Der König hatte ein entsprechendes kleines Gemälde von Heckel mit der Venusbergszene für das Modell verlangt[84], außerdem, daß »an einem passenden Orte des blauen Grottentheiles ein großer Spiegel angebracht werde, der diesen Grottensaal scheinbar vergrößert.«[85] Überdies hatte er sich persönlich um die Farben gekümmert: »Herr Direktor Effner u. Dirigl möchte Herr Hofrath wegen der Farbe der Grotte für Linderhof eingehend sprechen u. den Auftrag wiederholen, daß viel Cristall dazu verwendet werde, damit es recht glitzert, auch wollen Seine Majestät bis Samstag Mittag einen Topf mit der dazu verwendbaren Farbe sehen.«[86] Als im September die Arbeiten an der Konstruktion der Grotte so weit fortgeschritten waren, daß Dirigl mit seiner Arbeit beginnen konnte, ergeht die Weisung, »daß der Grund des Sees in der Grotte blau wird u. soll diese Farbe nicht allein durch elektrisches Licht erzeugt werden, sondern ein wirkliches blau werden, das jedoch nicht schädlich sein darf, da der See zugleich als Bad benutzt werden muß können. Die Grotte soll am Eingang eine magisch rothe und im Innern dasselbe in blauer Beleuchtung erhalten, auch soll dieselbe außer der, mit der Locomobile erzeugten Beleuchtung, so eingerichtet werden, daß Ballons in schöner blauer Farbe angebracht werden können.«[87]

90 Franz Seitz 1877,
Entwurf zu einem Korallenleuchter für die Linderhofer Venusgrotte.

91 Fidelis Schabet 1869,
Entwurf zu einer Venusgrotte in Neuschwanstein.

92 Franz Seitz 1869,
Entwurf zu einer Venusgrotte in Neuschwanstein als Alternative.

Zum Geburtstag des Königs am 25. August 1877 sollte die Grotte vollendet sein. Als Dirigl nicht sicher schien, diesen Termin einhalten zu können, war der König höchst ungehalten und befahl am 18. Oktober 1876, die Leitung Effner wieder abzunehmen und Dollmann zu übertragen, außerdem weitere Bildhauer als Gehilfen für Dirigl zu beschäftigen[88]. Tatsächlich wurde die Grotte im Lauf des Jahres 1877 mit der gesamten Ausstattung vollendet. Das als Hintergrund des Sees bestimmte Gemälde, das die entsprechende Tannhäuserszene Echters variiert, ohne daß nachprüfbar ist, wie weit nach dem Wunsch des Königs die Wiener Neuinszenierung Vorbild war, wurde offenbar schon 1876 vollendet. Denn der König läßt dem Maler am 10. Juni seine größte Zufriedenheit aussprechen, zeigt sich »ganz entzückt« und verlangt nur Heckel solle »auf seinem Bild, ähnlich wie auf jenem des Malers Echter, noch ein paar Korallen anbringen, weil diese und die schon vorhandene Muschel andeuten sollen, daß die Venus dem Meere entstiegen ist.«[89] Korallen und Muscheln als Attribute der Venus bilden auch die Hauptmotive für die übrige von Franz Seitz entworfene Ausstattung. Seitz erhielt schon im Januar 1876 den Auftrag, für eine »Kahnzeichnung in Form einer Muschel«, die außen perlmutterfarbig, innen rosa sein solle[90]. Seitz mußte die Zeichnung zweimal ändern: »Herr Director Seitz möchte nochmals eine Scizze zu dem Muschelkahn entwerfen, und sich recht Mühe geben, damit er mehr Schwung in dieselbe hineinbringt. Vorne soll der Kahn ein wenig höher werden, die Korallen zum Auflegen der Ruder haben den Allerhöchsten Beifall gefunden.«[91]

Schließlich war die endgültige Form erreicht und wurde am 23. Januar genehmigt[92]. Die zu dem Kahn verwendeten Farben mußte Hofrat Düfflipp persönlich überwachen, »daß sie so schimmernd und leuchtend wie Perlmutter werden.«[93] Im Oktober 1876 konnte Ludwig dann in der Residenz den erst Anfang 1877 vollendeten Kahn besichtigen[94], für den Seitz, der auch die Ausführung übernommen hatte, königlich bezahlt wurde: 27000 Mark »für ein aus Eichen- und Lindenholz gebautes Schiff, dasselbe muschelartig geschnitzt, durchaus mit Kupfer beschlagen, mit weißem Golde vergoldet und farbig lasiert, dazu ein geschnitzter lebensgroßer Amor und 4 Delphine in Zink gegossen, in Naturfarbe gemalt, 2 geschnitzte Tauben, reich geschnitzte vergoldete Ruder, von den feinsten Blumen gefertigte Girlanden und ein Velour-Teppich.«[95] – Gleichzeitig mit dem Kahn entwarf Seitz für den König einen dem Thron der Venus im Gemälde Heckels entsprechenden Muschelthron mit Korallen, mit Muscheln besetzte Korallensessel, Korallenstühle, einen Korallenstuhl mit einer in Perlen gefaßten Lehne und einen samt Thron, Sesseln und Stühlen leider verlorengegangenen Korallenleuchter, auf dessen Entwurf sich die Bemerkung findet: »Seine Majestät sind mit dieser Zeichnung sehr zufrieden. Soll gleich gemacht werden.«

Das offenbar bis zum Geburtstag des Königs am 25. August 1877 mit der Ausstattung vollendete unterirdische Reich der Linderhofer Grotte besteht aus der den See umschließenden Hauptgrotte mit unregelmäßigen Ausbuchtungen, die sich zu beiden Seiten in gewundene Höhlengänge verzweigen. Diese führen zu den beiden durch Felsentüren – zu Drehtüren ausgebildete künstliche Felsen – verschlossenen Ausgängen. Im Hintergrund des Hauptraumes befindet sich, etwa auf gleicher Höhe wie die Königsloge des Residenztheaters, eine kleine Plattform, zu der ein von einem Geländer aus rohen Ästen begleiteter Weg hinaufführt, der logenartige »Königssitz«, der einen Überblick über den von stuckierten Rosengehängen gerahmten Hauptraum erlaubt; im Hintergrund das Gemälde zwischen der aus dem See aufsteigenden Stalaktitensäule links, und dem Wasserfall rechts. Hier stand der Muschelthron des Königs, zu dem sich für etwaige Besucher die Korallenstühle gruppieren ließen. Der linken Proszeniumsloge des Residenztheaters entspricht der Sitzplatz auf dem »Loreleifelsen«, »auf einem theilweise über das Wasser ragenden Felsstücke mit Ausschau auf das königliche Schloß und in das Gebirge, ebenso nach Innen über den Teich in die blaue Grotte auf den Spiegel und rückwärts in die rothe Grotte.«[96] Auf der Rückseite des »Loreleifelsens« ist der von Felsen gerahmte und sicher mit einer Art Felsenfenster verschließbare Ausblick in die freie Landschaft anzunehmen (heute nicht mehr vorhanden). Mit dem Ausblick sollte sogar das Schloß Linderhof, wenngleich alles andere als eine neue ›Wartburg‹, in das Bühnenbild einbezogen werden. Rot und Blau waren auch die Hauptfarben in dem für die Gesamtanlage grundlegenden Entwurf von Franz Seitz, wo der reale Raum bereits unmittelbar in den illusionären Raum des Bildes mit der Venusbergszene übergeht. In der vollendeten Grotte konnte durch Wechsel oder Kombination des roten und blauen Lichtes und zusätzlicher anderer Farbtöne, sowie verschiedene Lichtstärken – Luise von Kobell spricht sogar von fünf verschiedenen Einstellungen[97] –, die verschiedensten überraschenden Effekte erzielt werden. Derartige Effekte liebte der König gelegentlich auch in der freien Natur zu inszenieren, z. B. durch »bengalische und elektrische« Beleuchtung eines Wasserfalls[98], oder ein Feuerwerk in den Bergen, wobei er offenbar auch die Farben Rot und Blau bevorzugte[99].

Die beiden Hauptansichten der Grotte sind in zwei 1881 bei Heinrich Breling bestellten Aquarellen überliefert: die rote ›Grotte des Hörselberges‹ mit dem Gemälde Heckels als Hintergrund, gesehen vom Muschelthron des Königs aus, und die ›Blaue Grotte‹ mit dem Wasserfall links und dem Spiegel im Hintergrund rechts, gesehen vom »Loreleifelsen« aus. Mit dieser Grotte verband der König die Vorstellung der Blauen Grotte von Capri und schickte Stallmeister Hornig zweimal nach Capri, um sich das richtige Blau einzuprägen[100]. Während gleichzeitig an dem Modell der Linderhofer Grotte gearbeitet wurde, wünschte Ludwig, der sich gelegentlich im Anschluß an eine Separatvorstellung, meist bei wechselnder Beleuchtung, einzelne Dekorationen vorführen ließ, eine Darbietung der Blauen Grotte von Capri. Am 3. März 1876 erkundigt sich Hornig »ob es nicht möglich ist, bis Ende April eine ... Dekoration ganz neu anfertigen zu lassen, welche die blaue Grotte auf Capri darstellt. In Wien existirt eine solche Dekoration, und es wäre der Majestät recht, wenn der dortige Dekorationsmaler nach München gerufen würde, um die nöthigen Angaben bezüglich der Ausführung anzugeben.«[101] Nach der ersten Besichtigung im Mai 1876 erkundigte sich der König, »ob es nicht möglich ist, die Theatergrotte ganz und gar mit elektrischem Lichte zu beleuchten, sodaß der vordere Theil derselben im gleichen Blau erstrahle«[102] und wünschte, daß

93-96 Entwürfe von Franz Seitz zur Ausstattung der Linderhofer Venusgrotte, 1876.

93

93 Der Entwurf des Muschelthrons wurde von Seitz 1877 für 5000 Mark ausgeführt.

94 Die in der Grotte nicht mehr vorhandenen Korallensessel fertigte nach diesem Entwurf Bildhauer Philipp Perron.

95 Den Entwurf zum Kahn der Venusgrotte mußte Seitz mehrfach ändern.

96 Auf dem Entwurf für einen Korallenstuhl ist folgende auf den König zurückgehende Korrekturanweisung verzeichnet: »Die obere Perlenfassung ist um die Hälfte zu breit. In der Mitte der Lehne soll nur 1 Korallenzweig angebracht sein, der sich nach oben rechts u. links in einen Nebenzweig erweitert. Die Stuhlfüße sind etwas zu steif gehalten, sie dürfen ein wenig phantastischere Form haben.« Auch dieser Stuhl ist leider verloren gegangen.

94

bei einer erneuten Vorführung im Oktober auch Dr. Max Edelmann mitarbeite, der Privatdozent am Polytechnikum, der die Beleuchtung der Linderhofer Grotte einrichtete[103]. Dieser wurde daraufhin ab 1. Januar mit dem Titel eines Ingenieurs des Kgl. Theaters als Maschinist und Leiter des Beleuchtungswesens eingestellt, um sich besonders der elektrischen Anlagen anzunehmen, bewährte sich jedoch scheinbar nicht. Die Begeisterung des Königs für die Blaue Grotte ist kein Einzelfall, sondern typisch für die auf Ausstellungen, dem Hauptbetätigungsfeld des Landschaftsplastikers Dirigl, und ebenso im Bau großer Aquarien und in der Anlage von Tiergärten sich auslebende allgemeine Grottenfreudigkeit der Zeit, zu der auch ein Ballett der Berliner Hofoper von 1861 zu zählen ist. Hier erlebte der Zuschauer mit Hilfe einer Wandeldekoration zunächst eine Fahrt im Golf von Neapel, bis die Gondel mit der Hauptperson die Insel Capri erreichte, wo sich die Bühne in die Blaue Grotte verwandelte[104].

95

Gleichzeitig mit dem Bühnenbild der Capri-Grotte hatte der König, der im Spielplan seiner Separatvorstellungen auch ›orientalische‹ Opern und Dramen pflegte[105], von Heinrich Döll eine neue Dekoration des Tals von Kaschmir für die Oper ›Lala Rookh‹ von Félicien David ausführen lassen. Die Dekoration gefiel ihm so gut, daß er beabsichtigte, »eine ganz genaue Nachbildung derselben in der Linderhof-Grotte anbringen zu lassen. Wie im Münchner Wintergarten die großen Bilder gewechselt werden können, so soll auch in der Grotte eine gleiche Einrichtung getroffen werden, damit an die Stelle des Tannhäuserbildes jenes des Kaschmirthales verbracht werden kann.«[106] Die Dekoration für ›Lala Rookh‹, ein von Felsbogen gerahmter Blick in ein Tal mit tropischer Vegetation und dem auch im Münchner Wintergarten des Königs dargestellten Bergmassiv des Himalaya als Hintergrund, ist in einem Modell aus dem Besitz des Königs erhalten. Das Bild Dölls, das nach der nicht zur Ausführung gelangten Idee des Königs das Tannhäuserbild ersetzen sollte, kann man sich nach einem 1870 entstandenen Entwurf Dölls zum ›Tal von Kaschmir‹ vorstellen. Diese Verbindung von Tannhäuser und ›Tal von Kaschmir‹ lag schon durch die häufige Verwendung von tropischer Vegetation in den Bühnenbildern der Venusgrotte nahe, – auch die Linderhofer Grotte besitzt am Aufgang zum »Königssitz« eine kleine Agave.

Die Linderhofer Grotte mit ihren verschiedenen Aspekten – Venusgrotte, Blaue Grotte, Tal von Kaschmir – ist mehr als eine Laune ihres königlichen Bauherrn. Sie ist in der Vereinigung von Bühnenbild, Natur und Architektur mit den in Ausstellungen und in Gewächshäusern, wie in Ludwigs Münchner Wintergarten, spürbaren Tendenzen eine höchst charakteristische Schöpfung des 19. Jahrhunderts, die die verschiedensten Aspekte nicht nur der Kunst Ludwigs II. sichtbar macht. Dieses ›totale‹ Theater bot dem einsamen Besucher die vollkommene Illusion einer Bühne, die zugleich Zuschauerraum ist, eine letzte Steigerung der Guckkastenbühne, in der nicht wie in den Separatvorstellungen der dunkle Abgrund des leeren Zuschauerraums Beschauer und Bühne trennt, sondern der Beschauer inmitten der Bühne in dem über das Wasser fahrenden Kahn, oder auf verschiedenen ›Logenplätzen‹ am Rande, die hier nur im Wechsel der Farben und in dem durch den Wechsel der Standorte be-

96

stimmten Wechsel der Bilder bestehende ›Handlung‹ erlebt. Hinter der Illusion der von einem in der Ziegelwölbung verankerten Skelett aus Eisen gehaltenen Felsen aus Leinwand, Gips, Zement und Farbe standen – wie in der Hoftheaterbühne, die Ludwig mit den modernsten Beleuchtungs- und Verwandlungsmaschinerien ausstatten ließ – die neuesten technischen Mittel: eine weit verzweigte Wasserleitung zur Versorgung des Sees und des Wasserfalls, eine Wellenmaschine, eine Warmluftheizung, die ständig eine Temperatur von 16° Reaumur aufrechthalten mußte, und eines der ersten Elektrizitätswerke Bayerns mit einer Reihe der soeben erst erfundenen Dynamos, die außer den zum Teil mit 1877 gelieferten »blauseidenen Ballons« verkleideten[107] Bogenlampen, eine Regenbogenmaschine betrieben. Der »Regenbogen-Projektions-Apparat für electrisches Licht« und drei Lichtmaschinen nach dem System Sadelier-Paris für je 5500 frs. gehörten zur Erstausstattung der von Dr. Edelmann eingerichteten Anlage[108]. Diese »dynamischen Maschinen« erwiesen sich jedoch nach Meinung Stallmeister Hornigs, der vom König für die Beleuchtung der Grotte verantwortlich gemacht wurde, als »entschieden zu klein, oder nicht gut in ihrer Construction«[109], und man versuchte durch Bemalen von Teilen der Grotte, vor allem des mit einer eigenen »Seebeleuchtung« versehenen Seegrundes, mit »Bergblau« und durch Experimente, unter Verwendung von »rothen gebrannten Gläsern und mit Anilin-Blau überzogenen Platten«, nachzuhelfen[110]. Um die Beleuchtung weiter zu verstärken, lieferte 1880 Siegmund Schuckert–Nürnberg »1 Regulator nebst Kasten für den Regenbogenapparat«[111] und »2 dynamo-elektr. Maschinen à 1100 Mark«[112]. Dr. Edelmann fiel schon bald in Ungnade. Am 7. und 8. Dezember 1878 leitete Hornig mit dem »sich in unbeschreiblicher Aufregung befindenden« Theatermaler Stoeger, der bisher Edelmann unterstand, zwei zur Zufriedenheit des Königs ausgefallene Beleuchtungen, wobei »tyroler Bauern die Lampen so gut bedienten wie die Edelmann'schen Lehrbuben.«[113] In den folgenden Jahren bemühte sich Bühnenmaler Stoeger und verschiedene Techniker um die Beleuchtung, mit der der König, der einmal gesagt haben soll »ich will nicht wissen, wie es gemacht wird, ich will nur die Wirkung sehen«[114], nie ganz zufrieden gewesen zu sein scheint. Am 24. Mai 1879 heißt es, »S. Majestät hätten jetzt genug, daß immer nur probiert wird und nie etwas zusammen geht.«[115] Doch nachdem eigens eine Kommission von Fachleuten die Grotte untersucht hatte, befiehlt der König am 12. August dafür zu sorgen, »daß die Kommißion, welche die Grotte angesehen habe, nicht mehr hinein kommt, auch sei Herr Hofgarten-Direktor Effner darunter gemeint. Die Kommißion habe Herrn Hofmaler Stoeger ganz konfuß gemacht, die Farben der Kommißion seien ebenso schlecht wie dieselben immer waren.«[116]

Aus den Briefen Stoegers, den der König mehrfach durch einen fähigeren Mann ersetzt wissen wollte, spricht oft tiefe Verzweiflung: »Ich habe die (Beleuchtungsproben) mit meinen besten Kräften, allerdings nur mit Probe Platten durchgeführt ... Das mir von Herrn Dr. Greiff empfohlene Grün ist leider nicht ergiebig genug, u. zu wenig satt im Ton. Mit dem Alcohol zu 99% habe ich keine merklichen Erfolge bis jetzt erzielt, wohl aber ein sehr schönes Blau nach altem Prinzip, wie das letzte mal für Se

97 Die Linderhofer Grotte nach einer alten Photographie.

Majestät in Bereitschaft, Rosa wunderschön p. p. und hoffe das Beste ... Zu meiner Controlle für das Licht, bitte ich inständigst bei Siemens in Berlin Siemens Strommeßer nebst Anweisung zum Gebrauch für Telegrafen-Beamte, möglichst rasch kommen zu lassen, weil ich dann jederzeit beweisen kann, ob Alles in Richtigkeit ist ...«[117] Doch wie Stoeger später monatelang experimentieren mußte, bis die Kugeln des Nachtlichtständers das Schlafzimmer von Herrenchiemsee in das richtige Blau tauchten, zeigte sich der König, wenn es um seine Lieblingsfarbe ging, auch in der Grotte nie zufrieden. Zu Beginn des Jahres 1880 befahl er Bürkel, einen Chemiker ausfindig zu machen, der es verstehe »die prachtvolle Anilin-Farbe aufzutragen und nicht zu brennen«, denn »Maler Stoeger kann nichts als sich blamiren und Professor Bayer versteht auch nichts von der Sache ... Im Laufe der letzten Jahre wurden nur Rückschritte gemacht, daß es eine wahre Schande ist. Es handelt sich durchaus nicht um ein Problem, das neu gelöst werden muß, da es ja schon zu meiner Zufriedenheit gelungen war ... Im Mai muß alles vollendet sein und zwar so, daß Ich damit vollständig zufrieden sein kann. Gelingt Ihnen das endlich, was längst hätte gelingen sollen, so denke ich Sie im August zum Ministerialrath zu ernennen.«[118] Doch im Mai heißt es dann: »Seine Majestät seien sehr ärgerlich wegen der Beleuchtung in der Grotte, es sei um kein Haar besser als voriges Jahr, auch ärgern sich Seine Majest., daß die Grotte einen Anstrich erhielt. Das Rot u. Rosa besonders bekommen dadurch eine abscheuliche Farbe, auch das Blaue sei nicht besser als sonst«[119], und nachdem man dem König 1882 gemeldet hatte, die neue elektrische Ausstellung verspreche viel für die Beleuchtung der Grotte: »Um das Licht handelt es sich nicht, das sei gut, sondern um die Farbe, hauptsächlich um das Blau, das selbst bei Edel-

98 Ludwig II. in der Venusgrotte nach einer Zeichnung von Robert Aßmus in der ›Gartenlaube‹ 1886.

mann bedeutend schöner gewesen wäre als bei Herrn Stoeger, bei welchem es immer schlecht ist.«[120]

Der König der auch seine scheinbar so unzeitgemäßen Prunkwagen und Schlitten wie seine Schlösser immer mit den neuesten technischen Errungenschaften ausstatten ließ, verlangte eben von den Technikern selbst das Unmögliche. 1881 ließ er den Maschinisten Seidenschwarz aus Linderhof entfernen, weil er die elektrische Beleuchtung der Kamine im Schlafzimmer des Schlosses, »wegen der vorhandenen mangelhaften Leitungsdrähte«, nicht schnell genug zustande brachte[121]. Dem Bühnentechniker und Regisseur Friedrich Brandt, mit dem den König eine enge persönliche Freundschaft verband, erteilte er den Auftrag, eine Flugmaschine in Form eines »Pfauenwagens« (gemeint ist wohl der Pfauenwagen Oberons) zu konstruieren, in dem man über den Alpsee fliegen könne. Und es ist bezeichnend für seinen unbegrenzten Glauben an die Technik, daß er sogar dem sonst allgemein verkannten Erfinder des Unterseebootes, Wilhelm Bauer, einen Auftrag für die Bayerische Regierung vermittelt hat, der sich nach Wagners Meinung als »wichtige Waffe gegen die thörigen preußischen Zumuthungen für eine unnütze Flotte« erweisen sollte[122].

Nur mit Hilfe der in den gleichen Jahren höchst stürmisch verlaufenden technischen Entwicklung konnte der König seine spätromantischen Vorstellungen verwirklichen. Doch die Beschreibung des königlichen Grottenbesuchs[123] läßt kaum ahnen, daß das technische Zeitalter bereits angebrochen war: »Der königliche Grotten-Besuch, der meist nachts stattfand, hatte etwas programmäßiges: Zuerst fütterte der Monarch zwei aus ihrem gewöhnlichen Domizil, dem Schloßbassin, herbeigeschaffte Schwäne, hernach bestieg er mit einem Lakai einen vergoldeten und versilberten Kahn in Form einer Muschel, und ließ sich auf dem durch einen unterseeischen Apparat bewegten Wasser herumrudern. Unterdessen hatten sich der Reihe nach die fünf farbigen Beleuchtungen abzulösen, jeder waren zehn Minuten zugemessen, damit der König den Anblick genügend genießen könne. Phantastisch schimmerten Wellen, Felsenriffe, Schwäne, Rosen, das Muschelfahrzeug und der dahingleitende Märchenkönig.«[124] Der Grottenbesuch dürfte gelegentlich auch mit einem Konzert verbunden gewesen sein. Von besonderen Vorstellungen mit Sängern oder Schauspielern ist nichts bekannt, doch hat der König u.a. hier den Schauspieler Kainz empfangen, als er am 3. Juni 1881 nachts in Linderhof ankam. Zu den wenigen bevorzugten Besuchern gehörte schließlich nach einem Bericht des Kabinettssekretärs von Ziegler auch eines der Leibreitpferde des Königs: »Ich war einst im Linderhofe und sah vom Fenster des Zimmers aus, in welchem ich auf die Stunde des Vortrags zu warten hatte, ein Pferd in den schönen Gartenanlagen umherlaufen, die Rosen abfressen p. p. Nachts durfte das Pferd die Beleuchtung der Grotte sehen; es wurde zu dem Korallen-Hochsitz geführt, von welchem aus Seine Majestät die Beleuchtung betrachteten und mußte neben dem Sitz Seiner Majestät stehen.«[125]

Venusgrotte von Linderhof

Tafel 23-25

Eine zunächst für Neuschwanstein geplante Venusgrotte (vgl. Abb. 91, 92) wurde seit 1876 unter Leitung von Hofbaudirektor Georg Dollmann und Hofgartendirektor Carl von Effner im Linderhofer Park eingerichtet. Die bereits 1877 vollendete Gestaltung des Innern lag in den Händen des ›Landschaftsplastikers‹ August Dirigl. Die Grotte mit dem Gemälde ›Tannhäuser im Venusberg‹ von August Heckel (im Hintergrund des Sees) vereinigt in ihren verschiedenen Ansichten bei wechselnder Beleuchtung die Grotte des Hörselberges (›Tannhäuser‹, 1. Aufzug, 1. Szene) mit der ›Blauen Grotte‹ von Capri.

23 *Ansicht der Venusgrotte* von Linderhof in roter Beleuchtung, Aquarell von Heinrich Breling 1881. Die Grotte mit dem Muschelkahn und der Venusbergszene ist hier vom ersten Ruhesitz des Königs aus gesehen.

25 *Die Venusgrotte* in blauer Beleuchtung, Aquarell von Heinrich Breling 1881. Die ›Blaue Grotte‹ mit dem Wasserfall ist hier vom Muschelthron aus, dem zweiten Ruhesitz des Königs, gesehen.

Der Ring des Nibelungen

Als Richard Wagner im Vorwort der 1863 erschienenen Erstausgabe der Ring-Dichtung nach einem fürstlichen Mäzen suchte, der sich durch die Aufführung seiner Bühnenfestspiele »einen unberechenbaren Einfluß auf den deutschen Kunstgeschmack, auf die Entwicklung des deutschen Kunstgenies, auf die Bildung eines wahrhaften, nicht dünkelhaften nationalen Geistes, seinem Namen aber unvergänglichen Ruhm gewinnen müßte«[126], wußte er nicht, daß ein für seine Werke begeisterter Prinz die Frage »wird dieser Fürst sich finden?« als unmittelbar an sich gerichtet empfand: Kronprinz Ludwig, der die Ring-Dichtung zuerst »auf dem Spiegel des Alpsees« gelesen hat[127]. Schon bei der ersten Begegnung mit Wagner versicherte er ihm, »daß sein großes Nibelungenwerk nicht nur seine Vollendung, sondern auch seine Aufführung nach seinem Sinne finden werde.«[128] In einem Vertrag mit der königlichen Kabinettskasse vom 18. Oktober 1864 verpflichtete sich Wagner, gegen ein zum Teil für die Erhöhung seines Jahresgehaltes auf 6000 Gulden (seit 1865 sogar 8000 Gulden) verwendetes Honorar von 30000 Gulden binnen drei Jahren die Komposition des Ringes zu vollenden[129]. Ludwig, der nach seinem Regierungsantritt auch die Nibelungenfresken seines Großvaters im Königsbau der Residenz vollenden ließ, verwandelte den zu seinen Wohnräumen führenden oberen Theatinergang zu Ehren Wagners in einen ›Nibelungengang‹ mit im letzten Krieg zerstörten und nur in Kopien aus Schloß Berg erhaltenen Fresken Michael Echters. Wagner, der inzwischen die Arbeit am Siegfried wiederaufgenommen hatte, spricht dem in der Tradition der Cornelius-Schule arbeitenden »braven Echter das Lob unermüdlichsten und redlichsten Fleisses aus. Er hat viele seiner Entwürfe nach meinem Wunsche nun schon zum dritten Mal abgeändert. Ich fasse nun wirklichen Muth zu seiner Arbeit, und glaube, dass wir mit diesen Bildern eine wichtige Vorarbeitung für die einstige Aufführung des Nibelungenwerkes erhalten.«[130]

»Diess Werk, mein wundervoller Freund – diess Werk schaffe ich Ihnen noch ... und es wird das Ihrige«[131], versichert Wagner dem König, der sich immer wieder ungeduldig nach den Fortschritten des Ringes erkundigt. Zum 20. Geburtstag 1865 schenkt er Ludwig die von Otto Wesendonck zurückgegebene Originalpartitur des Rheingoldes, zum 21. Geburtstag die Partitur der Walküre. Als die Meistersinger, mit denen Wagner die Arbeit am Ring unterbrochen hatte, vollendet sind, schreibt Ludwig an Hans von Bülow: »Ein wahrer Trost ist es mir, daß Sie mir das Versprechen gaben, täglich unseren geliebten Freund daran erinnern zu wollen, an die Vollendung des ›Siegfried‹ zu gehen, denn in der That es wäre entsetzlich, blieben die Nibelungen Fragment. In meinem frühesten Kinderalter stand ich, als ich mir sagte ›die Nibelungen von Wagner erleben, dann sterben‹, wehe mir, erfüllte sich nicht der wonnevolle Traum ...«[132] Wagner schlug nun selbst vor, Jahr für Jahr die einzelnen Teile des Ringes zur Aufführung zu bringen[133] und auf die dringenden Bitten des Königs – »O ich brauche solche Freuden, soll ich nicht vergehen im Strudel des Alltagslebens«[134] – gab er 1869 nach einigem Zögern auch seine Zustimmung zur Uraufführung des Rheingoldes. Als die Hauptprobe vor geladenen Gästen jedoch wenig Beifall hatte, weigerte sich Hans Richter auf Anweisung Wagners wegen angeblicher Mängel der szenischen Einrichtung, die öffentliche Vorstellung zu dirigieren und wurde daraufhin seines Amtes als Münchner Musikdirektor enthoben. Der König, für den die Affaire durch die Diskussionen in der Presse zu einer Prestigeangelegenheit gemacht worden war, bestand aber auch gegen den Willen des Komponisten auf einer Aufführung, die schließlich unter Leitung Franz Wüllners am 22. September 1869 zustande kam (Kosten der Uraufführung für die Hofkasse 29 109 Gulden).

»Ach Gott, die Begierde Ihr gottvolles Werk zu hören war so mächtig, so unbezwinglich!«[135] entschuldigt sich Ludwig bei dem tiefgekränkten Komponisten, der ihn schließlich vor die Entscheidung stellt: »Wollen Sie mein Werk wie ich es will – oder: wollen Sie es nicht so?«[136] Doch dem König ging es zu dieser Zeit nur noch um das Werk Wagners, nicht mehr um den Menschen, der ihn jahrelang über seine wahren Beziehungen zu Cosima von Bülow getäuscht und in nicht enden wollende Skandale und öffentliche Auseinandersetzungen verwickelt hatte. Schon zwei Tage nach der dritten Aufführung des Rheingold erteilte er Perfall den Befehl, »nunmehr ohne weitere Rücksicht auf Wagner mit der Aufführung der Walküre vorzugehen«[137]. Die wieder unter Leitung Franz Wüllners stehende Uraufführung vom 26. Juni 1870 (Kosten für die Hofkasse 41 500 Gulden) ist, vor allem in der Lösung der höchst schwierigen szenischen Probleme – für Rheingold war die Bühne eigens umgebaut worden –, grundlegend für die späteren Bayreuther Aufführungen geworden.

99

99 Richard Wagner 1871,
Photographie von Franz Hanfstaengl.

100 Schreibzimmer Ludwigs II. in der 1867-69 im 3. Obergeschoß des nordwestlichen Eckpavillon der Münchner Residenz (Festsaalbau) eingerichteten Wohnung.
Reproduktion eines Aquarells von Richard Zimmermann durch Joseph Albert um 1870.

100

101

102 

102 Theodor Pixis 1869, Szenenillustration nach der Münchner Uraufführung des ›Rheingold‹, 1. Szene: »Heiajaheia! Heiajaheia! Wallalallalala leiajahei! Rheingold! Rheingold! Leuchtende Lust ...«

101 Rheingold, 3. Aufzug, Kopie von Franz Heigel nach den im letzten Krieg zerstörten Fresken Michael Echters von 1865 in dem zur Wohnung des Königs führenden ›Nibelungengang‹ der Residenz.

103 Theodor Pixis 1869, Szenenillustration nach der Uraufführung des ›Rheingold‹, 4. Szene, Loge: »Glänzt nicht mehr euch Mädchen das Gold, in der Götter neuem Glanze sonnt euch selig fortan!«

103 

104

104/105 Theodor Pixis 1870, Szenenillustrationen nach der Münchner Uraufführung der ›Walküre‹. 2. Aufzug, Brunhilde: »Nur Todgeweihten taugt mein Anblick: wer mich erschauet, der scheidet vom Lebens-Licht.« – 3. Aufzug, Wotan: »Fort jetzt von hier! Meidet den Felsen!«

106 Josef Hoffmann 1878, Szenenillustration zur ›Walküre‹ nach dem Bayreuther ›Ring‹ von 1876, 2. Aufzug, Wotan: »Zurück vor dem Speer! In Stücken das Schwert!« Photographie Joseph Alberts aus dem Besitz des Königs.

107 Der blaue Salonwagen, mit dem Ludwig II. 1876 zu den Festspielen nach Bayreuth fuhr, kolorierte Photographie von Joseph Albert.

108/109 ›Costüm-Portraits‹ des ersten Bayreuther ›Ring‹ von Joseph Albert 1876, Johanna Jachmann-Wagner als Schwertleite, Franz Betz als ›Wanderer‹.

105

106

Nachdem Rheingold und Walküre »in den Pfuhl des mir in der Seele verhassten Theaters und seiner widerwärtigen Routine geworfen wurde«[138], wollte Wagner seine Festspiele fern von dem ihm verleideten Münchner Theater verwirklichen, in dem er einmal seine größten Triumphe gefeiert hatte: Der Gedanke eines Bayreuther Festspielhauses nimmt Gestalt an. Am 22. Mai 1872 wurde der Grundstein unter den Klängen von Wagners Huldigungsmarsch für Ludwig II. gelegt. Doch der Bau des Festspielhauses, eine auf das Nötigste reduzierte Version von Sempers großartigem, für die Isarhöhen geplanten ›Festtheater der Zukunft‹, wäre nie vollendet worden, hätte nicht der König, der der Bayreuth-Idee zunächst ablehnend gegenüberstand, schließlich die finanzielle Garantie übernommen. »Nein, nein und wieder nein! so soll es nicht enden! Es muß da geholfen werden! Es darf unser Plan nicht scheitern«[139], schreibt er an Wagner, der ihm mitgeteilt hatte, er müsse die Aufführung des Nibelungenringes ganz aufgeben. Der König, der auch noch das beträchtliche Defizit der Festspiele gedeckt hat, nahm in Bayreuth Seite an Seite mit dem Komponisten an den Generalproben zum Ring vom 6. bis 9. August 1876 teil, die als eine Art Separatvorstellung gedacht waren, außerdem an der dritten Aufführung des Zyklus vom 27. bis 30. August. Die in aller Welt mit Spannung erwartete Aufführung des Ringes, von dem Wagner bekannt hat, daß er »nur durch den König jetzt und für alle Zeiten vorhanden« sei[140], war in diesem Sinn auch Ludwigs II. Werk. Die Begeisterung des Königs, dessen Freundschaft mit Wagner durch die Tage von Bayreuth neu belebt wurde, war nur getrübt durch die Ovationen seiner Untertanen, denen er nicht ganz entgehen konnte, obwohl er den Sonderzug auf freiem Feld vor der Stadt halten ließ. Dazu kam seine Animosität gegen den deutschen Kaiser, dem man für seinen Besuch in Bayreuth unvorsichtigerweise die Eremitage als Wohnung angeboten hatte. »S. M. sind nicht geneigt«, heißt es in einem Schreiben an Hofrat Düfflipp, »S. M. den König von Preußen in aller höchst dieselben Schlösser Propaganda machen zu lassen ... und wäre besser gewesen höchstdenselben von Bayreuth fern zu halten.«[141]

107

Der die Schöpfungen Wagners wie immer rückhaltlos bewundernde König kritisierte an dieser ersten Bayreuther Ring-Inszenierung nur die Ausführung der von ihm sehr geschätzten Bühnenentwürfe Josef Hoffmanns durch die Gebrüder Brückner aus Coburg. »Mit Schauder«[142] dachte er noch anläßlich der Vorbereitungen für die Parsifal-Aufführung an die in der üblichen, bis zum Ende des Jahrhunderts die Bayreuther Dekorationen beherrschenden Brücknerschen Manier ausgeführten Dekorationen, denen er die Münchner Lösungen vorzog. Eine Gesamtaufführung des Ringes in München, die er, »wenn sich dies ohne Kränkung des berühmten Componisten durchführen ließe«[143], schon während der Vorbereitungen für Bayreuth verlangt hatte, kam erst 1878 zustande. An der ersten Münchner Gesamtaufführung vom 17. bis 23. November nahm er nicht teil, ließ jedoch im folgenden Jahr das Gesamtwerk zweimal als Separatvorstellung geben, zuletzt noch einmal 1883, nachdem die Münchner Oper den toten Komponisten mit der Aufführung seiner sämtlichen Werke in der Reihenfolge ihrer Entstehung geehrt hatte.

108/109

Während der ersten Bayreuther Festspiele befahl der König den Bau der Hundinghütte im Wald bei Linderhof – »ein Gemach aus roh gezimmertem Holz gleich der Dekoration des 1. Akts der Walküre«[144] – für das nach seinem Wunsch nicht die Bayreuther Dekoration, sondern der Entwurf Christian Janks zur Münchner Uraufführung grundlegend war. Den dem Entwurf entsprechenden knorrigen Stamm, um den das Gemach erstehen sollte, hat der König bei seiner großen Vorliebe für Bäume sicher selbst ausgesucht. Daß es sich in den Linderhofer Wäldern nur um eine Buche handeln konnte, war nicht anders zu erwarten und leicht zu korrigieren: »Doppelbuche mit Eschenstamm-Umhüllung« vermerken die sogleich vom Baubüro Dollmanns ausgearbeiteten Pläne. Es ist verständlich, daß der König bei diesem gebauten Bühnenbild mehr noch als auf seiner Hofbühne vollkommene ›Materialechtheit‹ verlangte: »Bei einer der im großen Saal hängenden Trophäen ist ein Horn von Papiermaché, auf welchem man nicht blasen kann. Es soll dieses durch ein anderes ersetzt werden, aus welchem Töne herauszubringen sind.«[145] In die 1876 vollendete (1945 von einem Forstbeamten niedergebrannte) Hütte zog sich der König auch in späteren Jahren gern auf sein Bärenfell-Lager zu einsamer Lektüre zurück, die er durch das Bild eines mit den Dienern inszenierten »Metgelages im altgermanischen Stile«[146] verlebendigt haben soll. Außer dieser gelegentlich auftretenden Statisterie bedurfte er, um sich in die Welt des Ringes zu versetzen, keiner weiteren gebauten Bühnenbilder. Denn die Dekorationen zum 2. und 3. Akt der Walküre, das ›wilde Felsengebirge‹ und den ›Gipfel eines Felsberges‹, sowie die übrigen Landschaften des Ringes lieferte ihm bei seinen Spaziergängen und Fahrten in der Umgebung Linderhofs freigiebig die Natur seiner geliebten Berge: »Ich will mich«, schreibt er 1871 an Wagner, »der verdammten Höllendämmerung, die mich beständig in ihren qualmenden Dunstkreis reißen will, entziehen, um selig zu sein in der Götterdämmerung der erhabenen Berges-Einsamkeit, fern von dem ›Tage‹, dem verhaßten Feind, fern von der Tages-Sonne sengendem Schein! Fern der profanen Alltagswelt, der heillosen Politik, die mit ihren Polypenarmen mich umschlingen will und jede Poesie so gern gänzlich ersticken möchte.«[147]

Ludwig II., der aus dem »grässlichen Stadtgetriebe« immer wieder in die in seinen Briefen so oft beschriebenen bayerischen Berge flieht – »denn auf den Bergen ist Freiheit und überall, wo der Mensch nicht hinkommt mit seiner Qual!«[148] –, hat sogar einmal behauptet, die einfache Hütte auf dem Hochkopf, eine seiner elf Berghütten, sei ihm »werther als alle Schlösser mit ihrem Glanz und hohlen Prunk.«[149] Der König, der in seiner Jugend nicht nur ein hervorragender Reiter und Schwimmer, sondern auch ein guter Bergsteiger war – in einer Woche hat er mehrmals von Hohenschwangau aus den Säuling bestiegen –, besaß das übersteigerte Naturgefühl wie es vielen seiner Zeitgenossen eigen war. »Ich fand immer erklärlich den poetischen Hang Eurer Majestät zu den Bergen mit ihren Klüften, Sturzbächen, Wasserfällen, moosbedeckten Felsen und schmalen Saumpfaden, aber jetzt erst begreife ich ihn vollkommen. Hier ist man wirklich näher zur Natur und entfernter von den Menschen. Hier fühle ich sogar die Scheu schwinden, die mich gewöhnlich Majestät gegenüber gefangen hält. Und wäre die Roseninsel in einem Alpensee – Schloß Berg aber 10000 Fuß über dem Meer gelegen, so würde vielleicht mein Herz höher schlagen ...«, schrieb die vom König als Darstellerin der Maria Stuart verehrte Tragödin Lila von Bulyowsky[150]. Und wie der König die Natur durch Feuerwerke, Illumination von Wasserfällen und szenische Darbietungen auf dem Alpsee zu überhöhen sucht, erstrebt er auch mit den von ihm gelegentlich in die echte Natur versetzten Bühnenbildern seines Hoftheaters nicht einen banalen Naturalismus, sondern »die Verwirklichung des höchsten, gewissermassen die Natur in märchenhaftem Schimmer wiederspiegelnden Ideals«[151], in dem sich Historismus und Naturalismus begegnen.

110

110 Ansicht der Hundinghütte bei Linderhof, kolorierte Photographie nach einem wohl 1882 entstandenen Aquarell Heinrich Brelings, im Vordergrund der künstliche See mit Schwänen und einem Einbaum.

111 Die Hundinghütte nach einem zerstörten Fresko Michael Echters von 1865 im ›Nibelungengang‹ der Münchner Residenz (Kopie von Franz Heigel, vgl. Abb. 101), Walküre, 1. Aufzug: »Labung biet ich dem lechzenden Gaumen, Wasser, wie du gewollt!«

111

112

112 Innenansicht der Hundinghütte bei Linderhof, Aquarell von Heinrich Breling 1882. Links ein Tisch mit Trinkhörnern, rechts neben dem Eschenstamm das Bärenfell-Lager des Königs. Die Hundinghütte wurde 1876, im Jahr des ersten Bayreuther ›Ring‹, vollendet, hielt sich jedoch an das Vorbild des Bühnenbilds der Münchner Uraufführung (Abb. 113).

113 Modell von Christian Jank 1869/70 zum ersten Aufzug der Münchner Uraufführung der ›Walküre‹, das Vorbild für die Linderhofer Hundinghütte.

114 Die 1945 von einem Forstbeamten niedergebrannte Hundinghütte bei Linderhof nach einer alten Photographie.

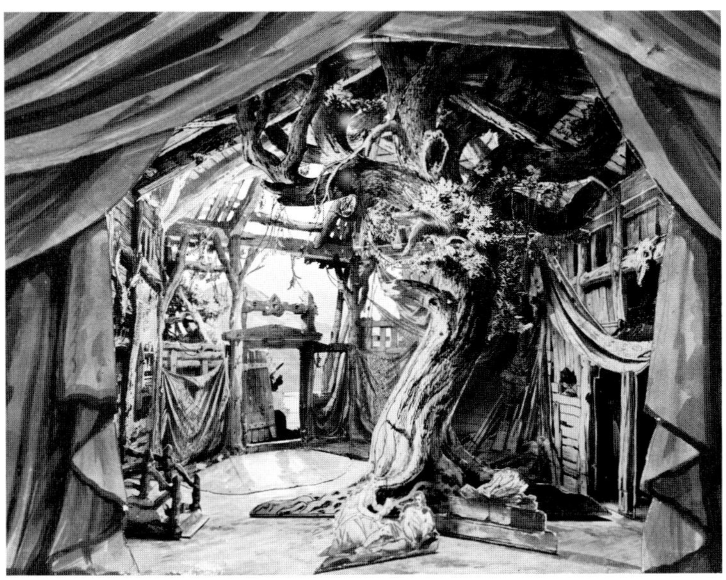

113

114

Unweit der ein Jahr zuvor errichteten Hundinghütte erstand 1877 ein weiteres Bühnenbild, die Einsiedelei des Gurnemanz aus dem 3. Aufzug des Parsifal: »Im nämlichen Walde ließ ich diesen Sommer eine Einsiedlerhütte, an einen Felsen angelehnt, errichten, wie jene von Gurnemanz, nahe einer Wiese, die im nächsten Jahr zur blumigen Au sich verschönen wird; eine Quelle fließt dicht dabei, Alles mahnt mich dort an jenen feierlich ernsten Charfreitagsmorgen Ihres wonnevollen ›Parcifal‹, der mit überwältigender Macht mir bis in die tiefste Seele drang und Thränen der heiligst reinsten Rührung mir in's Auge treten ließ, mir, der wahrlich das Weinen nicht gewohnt ist. Dort auf geweihter Stätte höre ich ahnungsvoll schon die Silberposaunen aus der Gralsburg erschallen; dort höre ich im Geiste die heiligen Gesänge aus Montsalvat vom unnahbaren Berge herniedertönen; dort ist mir so wohl zu Muthe, bei jener Quelle, wo Parcifal des wahren, ächten Königthums Weihe empfing, das durch Demuth und Vernichtung des Bösen im Inneren erworben wird, worin die wahre Gewalt liegt! ... dort ist es gut sein und der Genuß des Versenkens in den Geist der altgermanischen und mittelalterlichen Dichtungen und Sagen ein erhöhter.«[152] Die Dichtung des Parsifal, in die sich der König hier an der vom Hofgärtner durch »mit Blumen reichlich versehene Rasenstücke«[153] geschaffenen »blumigen Karfreitagsaue« versenken wollte, ist unmittelbar durch einen Brief Ludwigs an Wagner angeregt worden. Am 26. August 1865 notiert der Komponist in seinem Tagebuch: »Wie wunderbar! – Der König verlangt sehnlich von Parzival zu hören«[154] und vollendet binnen vier Tagen den ersten Entwurf, dessen Reinschrift die für den König bestimmte Bemerkung trägt: »Ist es so gut? München. 31. August 1865.«[155] ›Parzival‹, wie der König in seiner Korrespondenz mit Wagner oft genannt wird, sah in dem Entwurf »reinste erhabenste Religion«[156] und konnte die Vollendung kaum erwarten. Um die Aufführung zu ermöglichen, stellte er Wagner ab 1882 jährlich für zwei Monate das Orchester und den Chor seiner Hofoper zur Verfügung und erklärte sich nach Zusicherung von Separatvorstellungen »vollkommen damit einverstanden, daß der Parsifal, Ihr heiliges Bühnenweihfestspiel, nur in Bayreuth gegeben werden soll und nicht auf einer anderen profanen Bühne entweiht werden darf.«[157] Am 7. Februar 1881 übernahm er das ›Protektorat der Aufführungen Richard Wagner'scher Werke in Bayreuth‹. Doch der durch seine Hilfe ermöglichten Uraufführung vom 26. Juli 1882 blieb der immer menschenscheuer gewordene König zur grenzenlosen Enttäuschung des Komponisten fern. Erst nach Wagners Tod ließ sich Ludwig 1884 und 1885 je dreimal hintereinander den Parsifal als Separatvorstellung vorführen, in einer durch Münchner Kräfte ergänzten Besetzung und mit den in zwölf Güterwagen aus Bayreuth nach München transportierten Dekorationen. Nach den Aufführungen von 1885 schrieb Hermann Levi, der auch die Uraufführung dirigiert hat, an den König: »Niemals bei einer früheren Aufführung des Werkes in Bayreuth hat der alleruntertänigst treu gehorsamst Unterzeichnete ein solches Gefühl der inneren Beseligung und der Befriedigung über die Aufführung empfunden als während dieser drei unvergesslichen

115 Die Einsiedelei bei Linderhof nach einer alten Photographie. Die 1877 nahe der Hundinghütte errichtete Einsiedelei – die Einsiedelei des Gurnemanz im 3. Aufzug des ›Parsifal‹ – ist leider nach dem letzten Weltkrieg dem Verfall preisgegeben worden.

Tage: das Bewusstsein, ihre Kräfte ganz ausschliesslich dem erhabenen Monarchen weihen zu dürfen, ohne dessen gnädiges und liebevolles Eingreifen der Meister – wie dieser es mir wohl hunderte Male versichert hat – im Elende verkommen wäre, hob alle Mitwirkenden weit hinaus über die gewohnte alltägliche Leistung, hinauf in jene ideale Sphäre, in welcher Kunst und Religion zu identischen Begriffen werden.«[158]

Das Bühnenbild zum Parsifal beschäftigte den König schon Jahre vor der Aufführung, und 1876 ließ er sich von Eduard Ille eine aus der Hagia Sophia abgeleitete Gralshalle im byzantinischen Stil entwerfen. Aus dieser Gralshalle entwickelte er den Gedanken eines Thronsaals in Neuschwanstein, zu dem er Ille im gleichen Jahr folgende Anweisungen erteilt: »Die Münchener Allerheiligen-Kirche ist als Vorlage zu nehmen ... Das Kuppelgewölbe selbst soll den Himmel, besät mit goldenen Sternen darstellen, das Blau des Himmel ist so glänzend als möglich zu behandeln. Alle Marmorsorten, die der Architekt Salzenberg in seiner Beschreibung der Sophienkirche in Constantinopel aufzählt, sind zur Verwendung in diesem Thron-

116 Ludwig II. als Großmeister des Hubertus-Ritterordens, Gemälde von Franz von Lenbach um 1885.

117 Eduard Ille 1876, Vorentwurf zum Thronsaal von Neuschwanstein (vgl. Taf. 20) nach dem Vorbild der Münchner Allerheiligen-Hofkirche.

saale gedacht. An der Rückseite des Saales ist eine große Nische, in welcher auf einer hohen Marmor-Estrade der Thron zu stehen kommt. Die Nische ist ganz vergoldet und werden auf diesem Grund gemalt und durch Palmen abgetheilt 6 Könige, die heilig gesprochen wurden, darüber Christus, segnend, als König des Himmels, unter diesem Maria und Johannes der Täufer. Der Thronsessel ist mit einem auf Säulen ruhenden Dache überwölbt, ähnlich wie in der Sophienkirche der Altar. Stoffe sehr reich ...«[159]

Durch den in seiner endgültigen Form erst 1881 von Julius Hofmann entworfenen Thronsaal wandelt sich die für den jungen König entworfene ›Wartburg‹ in die ›Gralsburg‹ Parsifals, in der der alternde König um seine Erlösung ringt. Im Text der Gralserzählung »vom Himmel naht alljährlich eine Taube«, den er in sein Tagebuch einträgt, ändert er die Zeile »wenn ihn er sieht, weicht dem des Todes Macht« in »wer ihn (den Gral) erschaut, den flieht der Sünde Macht.«[160] Fürsprecher und Vorbilder eines reinen Königtums von Gottesgnaden sind ihm die sechs heiliggesprochenen Könige in der Apsis, deren Taten in den vor allem von Wilhelm Hauschild ausgeführten Fresken des Saales geschildert werden, an der Spitze der heilige Ludwig, den der König auch in den Kapellen von Neuschwanstein und Linderhof nicht vergaß. Der anschließende Sängersaal soll nun in Abänderung des ursprünglichen Programms auf den Thronsaal vorbereiten und erhielt 1883-84 Fresken zum Parzival nach Wolfram von Eschenbach. In der Sängerlaube erscheint Parzival als König des Grals, gegenüber der Aufbruch seines Sohnes Lohengrin von der Gralsburg, womit das Thema wieder in den am Anfang der Entstehung Neuschwansteins stehenden Schwanenritterstoff mündet.

Der Thronsaal von Neuschwanstein, der im Todesjahr Ludwigs II. vollendet werden sollte und nie seinen Thron erhielt, ist das einzige ausgeführte byzantinische Projekt des Königs, der sich schon 1869 von Dollmann und noch einmal gegen Ende seines Lebens 1885 von Hofmann große byzantinische Paläste entwerfen ließ, in denen sich, wie in anderer Form in Herrenchiemsee, sein Königtum von Gottesgnaden manifestieren sollte. Der durch seine Lektüre zu diesem Projekt angeregte König empfahl Dollmann 1869, er möchte »genau alles Byzantinische durchgehen, dann einen neuen grösseren Plan herstellen, damit alle historisch wichtigeren Säle hineinkommen, ebenso Gärten und Hypodrom.«[161] Außerdem war er 1885 durch eingehende Vorschriften an Übersetzer, Darsteller und Bühnenbildner sehr um eine stilvolle Separatvorstellung von Victor Sardous ›Theodora‹ bemüht, dem er für sein Drama das Komturkreuz des Michael-Ordens verlieh. Auch eines der letzten Projekte, die nach einem ersten Entwurf Christian Janks seit 1884 von dem fürstlich Thurn- und Taxisschen Oberbaurat Max Schultze aus Regensburg für den König geplante spätgotische ›Raubritterburg‹ Falkenstein, sollte als Heiligtum ein Schlafzimmer im Stil des Thronsaals von Neuschwanstein erhalten. Als die Geldnot immer größer wurde, verlangte der König nur noch die Ausführung dieses einzigen, immer größere Dimensionen annehmenden Raumes, zu dem als letztes unvollendetes Dokument ein von Eugen Drollinger gezeichneter Schnitt erhalten blieb. Er lag gerade auf dem Reißbrett, als die Nachricht vom Tode des Königs eintraf[162].

118 Das byzantinische Schlafgemach der nicht zur Ausführung gekommenen Burg Falkenstein, Ansicht von Max Schulte 1885. (Längsschnitt Abb. 123, Außenansicht Abb. 73).

119 Christian Jank 1879,
Entwurf zu einer Gralshalle für ›Parsifal‹.

120 Szenenillustration zu ›Theodora‹ von Victorien Sardou, byzantinischer Palastraum, Gouache von Georg Dehn nach Angelo II Quaglio, 1885.

121

122

123

121 Projekt einer byzantinischen Schloßanlage von Georg Dollmann 1869/70. Wie die gleichzeitigen Entwürfe Dollmanns für das neue Versailles (»Meicost-Ettal«) war auch das byzantinische Projekt, dessen Realisierung 4,3 Millionen gekostet hätte, für Linderhof bestimmt. Das Projekt eines byzantinischen Schlosses, eine Idee, die der König noch einmal gegen Ende seines Lebens aufgreift (Abb. 122) ist also etwa gleichzeitig mit den 1. Projekten für Neuschwanstein, für ›Versailles‹ (später Herrenchiemsee) und die ›Königliche Villa‹ Linderhof entstanden und gehört damit zum umfassenden ›Entwurf einer historischen Architektur‹, in der die verschiedenen Welten des Königs vergegenwärtigt werden.

122 Projekt eines byzantinischen Schlosses von Julius Hofmann 1885, neben dem chinesischen Schloß (Abb. 218) und Schloß Falkenstein (Abb. 73) eines der letzten nicht zur Ausführung gekommenen großen Projekte des Königs.

123 Längsschnitt des byzantinischen Schlafgemachs der Burg Falkenstein von Max Schultze 1885 (vgl. Ansicht Abb. 118). Das Projekt des Schlafgemachs wandelte sich von einem ›gotischen‹ Raum mit Netzgewölbe in einen ›byzantinischen‹ Sakralbau, für den Ludwig dem Architekten wie beim Thronsaal von Neuschwanstein als Ausgangspunkt der Planung die Münchner Allerheiligen-Hofkirche nannte.

Die Separatvorstellungen

»Tausende wallen von Fern und Nah zum nationalen Feste«[163], begeistert sich der selbe König für die zukünftigen Festspiele im Theater auf den Isarhöhen, der am Ende seines Lebens den Parsifal nur als Separatvorstellung geben ließ. Die Separatvorstellungen, bei denen Gäste genauso unerwünscht waren wie in den Schlössern Ludwigs, zeigen wohl am deutlichsten diese Abkehr von einer für die Allgemeinheit bestimmten zu einer dem König allein vorbehaltenen Kunst, zugleich die zeitweise Abkehr von Wagner und der Welt des Mittelalters zu jenen ›anderen Idealen‹, die den König ebenfalls seit früher Jugend beschäftigten, ohne daß sie in der Korrespondenz mit dem diesen »bedauerlichen Geschmacksverirrungen« seines »göttlichen Freundes« völlig verständnislos gegenüber stehenden Komponisten auch nur andeutungsweise erwähnt würden. Schon die als Generalproben getarnten Vorstellungen der Wagnerschen Opern, zu denen auch einige ›Privatauditionen‹ kamen, bereiten die Separatvorstellungen vor, über deren Entstehung Ernst Possart berichtet: »Ich entsinne mich genau der Audienz – sie fand am Tage nach der Darstellung der ›Iphigenie‹ durch Clara Ziegler statt, als seine Majestät mir gegenüber in sichtlichem Ärger äußerte: ›Ich kann keine Illusion im Theater haben, solange die Leute mich unausgesetzt anstarren und mit ihren Operngläsern jede meiner Mienen verfolgen. Ich will selbst schauen, aber kein Schauobjekt für die Menge sein!‹ ... Entrüstet verließ der Fürst eines Abends mitten im Akt die Vorstellung, entschlossen, sich fortan dem Publikum im Theater nicht mehr zu zeigen. Kurze Zeit darauf wurde uns mitgeteilt, daß der König eine Probe zu ›Maria Stuart‹ besuchen, aber unbetrachtet bleiben wolle ...«[164] Nach dem Besuch verschiedener Hauptproben beginnt mit der Vorstellung vom 6. Mai 1872 – ›Die Gräfin du Barry‹, Lustspiel nach Ancelot von L. Schneider – die Serie von insgesamt 209 teils im Residenztheater, teils im Nationaltheater gegebener Separatvorstellungen der Jahre 1872 bis 1885, darunter seit 1878 auch 44 Opernaufführungen, nicht nur Wagneropern, sondern auch Verdis ›Aida‹, Glucks ›Iphigenie in Aulis‹, Meyerbeers ›Hugenotten‹, Aubers ›Stumme von Portici‹ und andere. Der König bestimmte selbst den Spielplan seiner im allgemeinen in die Monate April/Mai und November fallenden Vorstellungen, die ihm die »Zwangsaufenthalte«[165] in der Residenzstadt erträglich machten. Die Stücke – darunter fast sämtliche Dramen Victor Hugos, der wegen seiner revolutionären Gesinnung an den übrigen europäischen Hoftheatern verpönt war – wurden teils aus dem allgemeinen Spielplan übernommen, teils eigens für den König inszeniert und später unter Umständen auch für die Allgemeinheit freigegeben. Selbst Kostüme und Dekorationen blieben zunächst allein dem König vorbehalten und als Generalintendant Perfall 1874 ohne Genehmigung eine der Versailles-Dekorationen aus den Separatvorstellungen für die öffentliche Vorstellung von ›Der König hat's gesagt‹ einsetzte, verlangte der König die Absetzung der Oper. In den Anweisungen an die Hofsekretäre nehmen die königlichen Bauten oft weniger Raum ein als der königliche Spielplan[166], dessen Hauptthema die französische Geschichte im Zeitalter der Bourbonen war. Der König, dem die tägliche Lektüre höchster Genuß

124 Eine Darstellerin der Pompadour (?) in Albert Emil Brachvogels ›Narziß‹. Mit immer neuen Besetzungen für die Pompadour wurde ›Narziß‹ von 1870 bis 1885 zunächst als öffentliche Vorstellung, dann als Separatvorstellung jedes Jahr am 9. Mai, – dem Todestag Ludwigs XV. – gegeben, zuletzt 1885 mit Charlotte Wolter (vgl. den Bericht S. 97). Photographie um 1870/80 aus dem Besitz des Königs, wohl von Joseph Albert.

125 Franz Nachbaur in einem Kostüm im Stil Louis XV. Die um 1870 wohl vom Hofphotographen gemachte Aufnahme des mit Ludwig II. befreundeten Sängers (vgl. auch Abb. 25) stammt aus dem Besitz des Königs.

126 Angelo II Quaglio, Entwurf zum Salon der Marquise de Pompadour für ›Narziß‹ von Albert Emil Brachvogel, 1880.

124

126

125

war – »ein Genuß, den ich fast zu häufig mir gönne, da ich ihn selbst im Wagen beim Durchfahren der herrlichsten Gebirgsthäler nicht entbehren kann«[167] –, kannte auf diesem Gebiet sämtliche geschichtlichen Werke, Memoiren und Reisebeschreibungen und ließ sich alle in Frage kommenden französischen und deutschen Stücke vorlegen. Gespielt wurde ›Ein Minister unter Ludwig XV. oder Diplomatenränke‹, ›Der Fächer der Pompadour‹, ›Das Alter eines großen Königs‹, ›Unter den Lilien‹ und ähnliche Dramen, deren Autoren längst vergessen sind, dazu Ballette wie ›Ein Ball unter Ludwig XV.‹ und ›Venus und Adonis‹. Ludwigs Lieblingsstück war Albert Emil Brachvogels ›Narziß‹, eine der meistgespielten Tragödien des mittleren 19. Jahrhunderts, die als einziges Stück insgesamt zwölfmal gegeben wurde, jeweils am 9. Mai, dem Todestag Ludwigs XV. Der König ließ das schon länger auf dem allgemeinen Spielplan stehende Stück neu ausstatten und für die Rolle der Pompadour Jahr für Jahr eine andere Gastschauspielerin nach München holen, während die Titelrolle immer mit Ernst Possart besetzt blieb.

Die vier wichtigsten ›Hofdichter‹ Ludwigs waren August Fresenius, Hermann von Schmid, Ludwig Schneegans und Karl von Heigel. Fresenius und Schneegans waren vor allem als Bearbeiter und Übersetzer tätig. Hier war der König, der selbst gut französisch konnte, ganz besonders kritisch, wenn es sich um Stellen handelte, die auf das Königtum Bezug hatten. »Er soll das Stück aufmerksam durchlesen, die Stelle worin es heißt: Der König ist das Vaterland – der König ist der Staat etc. müsse vorkommen und dürfe nicht ausgelassen sein«[168], wird Dichter Schneegans mitgeteilt, und

127

127 Christian Jank 1881, Entwurf zu ›Ehrgeiz und Königstreue‹ von Karl von Heigel. Im Hintergrund erscheint über einer Betbank die Muttergottes. Das im Auftrag des Königs geschriebene Stück wurde zum erstenmal am 6. Mai 1881 als Separatvorstellung gegeben.

128 Hermine Bland als Herzogin von Egmont in den Separatvorstellungen, Photographie um 1875 aus dem Besitz des Königs, wohl von Joseph Albert.

129 Fräulein Ehinger als Marquise de Créqui in den Separatvorstellungen, Photographie um 1875 aus dem Besitz des Königs, wohl von Joseph Albert.

128

129

auch der Regisseur Heinrich Richter wurde ermahnt, Sätze wie »Verräter ist, wer nicht den König ehrt / Wer, wenn Er fern, des Königs Ruhm verlästert« nicht eigenmächtig zu streichen[169]. – Allein zehn in den Separatvorstellungen gespielte Dramen schrieb, meist in Rekordzeiten von zwei bis drei Monaten, Karl v. Heigel, dem die Themen bis in die Einzelheiten des Szenariums vom König vorgeschrieben wurden, darunter ›Das Testament König Karls II.‹, ›Ehrgeiz und Königstreue‹ und – fast eine Ausnahme im Spielplan – drei im Mittelalter spielende Stücke wie ›Die Welfen in Hohenschwangau‹. Oberster Grundsatz des Königs, der sich sogar die vom Dichter benützten Geschichtsquellen vorlegen ließ, war auch hier die historische Treue. Während der Arbeit an seinem ersten für den König geschriebenen Stück, ›Die Aufführung der Esther in St. Cyr‹, schreibt der Dichter einmal völlig verzweifelt an Hofrat Düfflipp: »Die Nachricht, daß Seine Majestät die historische Genauigkeit bezüglich der ersten Esther-Aufführung beobachtet befehlen, erfüllt mich insofern mit Schrecken, als ich beim wärmsten Wollen und bei angestrengtester Thätigkeit nicht im Stande sein werde, diese sehr wesentliche Änderung innerhalb weniger Tage zu machen.« Er hoffe daher, »daß Majestät eben bei dem großen historischen Blick und der erstaunlichen Kenntnis des Einzelnen, die poetische Gerechtigkeit meiner scheinbaren Willkür und die geschichtliche Treue des Ganzen anerkennen würden.«[170] Ein anderer Entwurf Heigels scheiterte gänzlich an den Einwänden des Königs, obwohl Heigel versicherte, »alle Ereignisse des Dramas sind – mit Ausnahme der nebensächlichen – historisch beglaubigte und nicht nur künstlerisch, sondern thatsächlich wahr! Da aber Eure Majestät die Einheit der Zeit gewahrt wissen wollen, werde ich ein anderes Stück entwerfen.«[171] Gelegentlich verlangte der König sogar, die auch von seinen Malern immer wieder kopierten Stichvorlagen als einzig authentische Bildquelle auf die Bühne zu übertragen: »Dem Dichter möchten Sie auch zu wissen machen, daß die Erklärung des Herzogs von

130 Figurine der Herzogin von Egmont.

131 Figurine der Marquise de Créqui, Kostümentwürfe von Franz Seitz um 1875.

132 Christian Jank 1881, Entwurf zu einer großen Galerie für ›Die Aufführung der Esther in St. Cyr‹ von Karl von Heigel.

132

130

131

Anjou von Spanien nicht im Schlafzimmer stattgefunden hat, sondern in einem sogenannten Grand Cabinet. Sie möchten aus Paris einen Stich kommen lassen von Gérard, der diese Szene vorstellt, in dem letzten Akt soll die Gruppierung genauso werden wie auf dem Bild.«[172] Deutsch-nationale Töne mußte der König in diesem Zusammenhang als störend empfinden und läßt 1874 nachfragen, »wann Klein das letzte Stück seiner Trilogie ›Richelieu‹ geschrieben hat. Seine Majestät glauben, erst nach den letzten Feldzügen, weil es gar so deutsch gehalten ist. Seine Majestät werden dann wahrscheinlich eine Umarbeitung dieses Stückes verlangen, und soll dasselbe ein echt französischer Geist durchwehen.«[173]

Manche Dramen hat der König offenbar nur bestellt, um bestimmte Schauplätze auf der Bühne zu sehen, und einzelne Bühnenbilder wurden überhaupt ohne Zusammenhang mit einem Stück angefertigt, um vor oder nach einer Vorstellung gezeigt zu werden, oft, wie die Linderhofer Grotte, bei wechselnder Beleuchtung. Auch von den Hofbühnenbildnern – Angelo II Quaglio, Christian Jank und Heinrich Döll – verlangte der König »stilgerechte« Dekorationen als historisch getreue Schauplätze. Ähnlichen Ehrgeiz in dieser Richtung hat damals nur noch die Bühne des mit dem König gelegentlich korrespondierenden Herzogs Georg von Meiningen entwickelt, während im übrigen selbst an größeren Bühnen viele Dekorationen einfach aus dem Fundus zusammengesetzt wurden. Noch auf der internationalen Ausstellung für Musik- und Theaterwesen in Wien 1892 waren die ehemals für die Separatvorstellungen angefertigten Dekorationen der Stolz des Münchner Hoftheaters. Um eine möglichst echte Atmosphäre zu erzielen, ließ der König in das 1879 für ›Narziß‹ geschaffene blaue Rokokozimmer sogar Ausstattungsstücke aus den Räumen der Residenz stellen[174]. Die Bühnenbildner mußten historische Studien treiben und wurden des öfteren an die betreffenden Schauplätze geschickt, zum Beispiel für die

Meistersinger nach Nürnberg, für das 1876 aufgeführte Lustspiel ›Trianon‹ nach Versailles und 1875 für die Neuanfertigung des Dombildes zur ›Jungfrau von Orleans‹ nach Reims, das der König kurz zuvor besucht hatte. Die dem Königtum treu ergebene Jungfrau von Orleans und Wilhelm Tell waren Lieblingshelden des Königs, der einen Tag nach der Aufführung des ›Tell‹ vom 18. Oktober 1865 inkognito zu seiner ersten Schweizer Reise aufbrach. Mit in der Schweiz nach der Natur entworfenen Dekorationen ließ er den später auch als Separatvorstellung gegebenen ›Tell‹ 1869 und noch einmal 1883 neu ausstatten. Die Münchner konnten diese Dekorationen mit den ebenfalls nach der Natur gemalten Dekorationen der Meininger vergleichen, die 1883 mit ihrem ›Tell‹ im Theater am Gärtnerplatz gastierten. In seiner Begeisterung für Wilhelm Tell wollte Ludwig 1872 sogar das Ehrenbürgerrecht in einem Urkanton erwerben und sich am Vierwaldstätter See ein ›Schweizer Haus‹ bauen[175]. Bei seiner letzten Reise in das Land Tells 1881 ließ er sich an den historischen Stätten von dem jungen Joseph Kainz die entsprechenden Verse Schillers vortragen.

133 Der Schauspieler Josef Kainz 1883.

An die Darstellungsweise der Schauspieler, die nicht zu »theatralisch« sein durfte (ein Wort, das der König gern im abwertenden Sinn gebraucht), aber sicher stets mit dem der Zeit so geläufigen Pathos verbunden war, stellte er im Grunde dieselben Forderungen wie an seine Dichter und Historienmaler. Steckenbleiben oder falsche Aussprache französischer Worte wurden scharf getadelt; zum Beispiel 1875 der Schauspieler Herz, den »S. M. nur in ganz kleinen Rollen sehen wollen, weil derselbe sehr schlecht auswendig lernt, und sich ganz auf den Souffleur verlassen muß. Daher komme es auch, daß Herz immer so stockend spricht und einzelne Worte so unschön dehnt. Es soll überhaupt darauf gehalten sein, daß von den Schauspielern die französischen Worte vollkommen richtig gesprochen werden.«[176] War der König jedoch zufrieden, schickte er reiche Geschenke hinter die Bühne. Frl. Marie Meyer erhielt für ihre Darstellung der Gräfin du Barry sogar einmal einen für Linderhof bestimmten Porzellanlüster[177]. Ein Lieblingsdarsteller des Königs war der spätere Intendant Ernst Possart, seit 1864 als Schauspieler und Regisseur in München tätig, der mit dem König über die richtige, durch historische und kunsthistorische Studien vorbereitete Auffassung seiner Rollen zu korrespondieren pflegte. Als die Spielzeit des Mai 1885 zu Ende war, schreibt er dem König: »Es kommt mir mein Schauspielerberuf, wenn Eure königliche Majestät uns verlassen haben, ach! so weihelos, so arm an Stimmung, so nüchtern und geschäftlich vor. Mit dem Moment, wo die Hoheit-blickende, mächtige Gestalt Eurer königlichen Majestät den Wagen besteigen, um uns entrückt zu werden, da ist auch meine innige Herzens-Freude an meiner Tätigkeit als Schauspieler dahin ... Dann sitzt die vielköpfige bunte Menge wieder vor mir, dann rasseln die Kürassier-Säbel wieder im Parquet, dann scharrt und summt und lorgnettiert und klatscht, zu unrechter Zeit meistens, das Auditorium – und die heilige Weihe, die wahre, echte Kunst mit ihrem Zauber, ihrer innersten Befriedigung ist dahin!«[178]

Nachdem allen Mitwirkenden strengstens untersagt war, über die Separatvorstellungen zu sprechen, bleibt abschließend einer der wenigen authentischen Berichte zu zitieren, ein in der Wiener *Neuen Freien Presse*

Ludwig II. wurde auf Kainz als Darsteller des ›Didier‹ in der Separatvorstellung von Victor Hugos ›Marion de Lorme‹ am 30. April 1881 aufmerksam und lud ihn nach Linderhof ein. Über die Tage mit Kainz in Linderhof berichtet das Tagebuch des Königs:

»30. Nachts: der Darsteller des Didier gekommen, in der Grotte Ihn begrüßt, bis Morgens zusammen. 31. mit Ihm Kiosk dann Hundingshaus, Kahnfahrt, Klause, viel erzählt in das marrokanische Haus ... Zauber der wundervollen Stimme, 1. Juni: Fahrt nach d. Plansee, geg. dann Schiff gefahren, Kaiserbrunnen, (Mahl, Werke Grabbe, Byron, Aspasia, Hammerling, ... für den romantischen König geschwärmt, theure, herrliche Stunden, 2. Juni, Graswangthal gefahren, Tafel auf der Linde (Braut von Messina) zum marrokanischen Haus Kaffe etc. die himmlische Stimme wieder vernommen (Don Carlos durchgenommen, Grottenbeleuchtung, Kiosk, 3. nach dem Brunnenkopf (Phaeton v. Calderon) zusammen nach dem Pürschling (Tell) Erinnerung »Marion de Lorme« – Didier Mahl, (Börne, Hoffmann, Scheffel) Mährchen Arm in Arm hinab, (Österreich, Steiermark, Klamm) Unter-Ober- Ammergau ..., Linderhof, 4. Er Oberammergau, Hundingshaus Kahn, Insel (Calderon Sonnenthal) Klause lange, dann Mahl, theure Stunden, Dämmerung zurück, Ermahnung andere Tageseintheilung, 5. Pfingst-Sonntag, kleiner Spaziergang, Kiosk Tafel, sehr traute u. schöne Stunden, Fahrt Graswangthal (sehr heiter Decamerone) Grotte (Traumbecher geschenkt) 6. Juni Pfingstmontag. Er nach Partenkirchen, Partnachklamm, Tafel, Venustempel (Medea, Grillparzer, Kaulbachmuseum, Kaffe, Kiosk, Fahrt bis zur Umkehrstelle in Ammerwald.«

veröffentlichter Artikel der Tragödin Charlotte Wolter vom Burgtheater, die am 9. Mai 1885 als Pompadour in ›Narziß‹ gastiert hat:

»Um halb zwölf Uhr versammelten sich die Schauspieler auf der Bühne. Es herrschte absolutes Schweigen; die Theater-Arbeiter trugen Filzschuhe. Durch das Guckloch im Vorhange sah man nur das erleuchtete Proszenium, der Zuschauerraum war vollkommen finster. Punkt zwölf Uhr ertönte ein Glockenzeichen: der König verläßt seinen Palast und begibt sich durch einen Corridor, der in dämmrigem Halbdunkel bleibt, nach seiner großen Loge. Ein zweites Glockenzeichen kündigt des Königs Eintritt in die Loge an, und sofort rollt der Vorhang in die Höhe. Als der Vorhang aufgezogen war, überfiel mich zwischen den Coulissen, wo niemand zu sprechen wagte, ein nervöses Zittern. Wie sollte ich vor diesem leeren und finsteren Saale spielen? Endlich betrat ich die Szene ... Ich strengte mich vergebens an, durch die Finsterniß hindurch selbst nur die Umrisse meines einzigen Zuschauers wahrzunehmen. Nichts. Es fehlte mir der zwischen dem Publikum und den Künstlern bestehende elektrische Contakt ... Was mich aufrecht erhielt, war der Gedanke, daß der unsichtbare Zuschauer wirklich einen großen künstlerischen Sinn besitzt, und daß, durch alle Phantastereien hindurch, auf dem Grunde seiner Seele wahre Leidenschaft für meine Kunst lebt. Dieser Gedanke schmeichelte mir und beruhigte mich zugleich. Ich wußte, daß der König mich nicht aus den Augen ließ, daß er in seiner Loge saß, in vollständiger Sammlung und Aufmerksamkeit und so tief versunken, daß er selbst den Athem zurückhielt, um nicht seine Anwesenheit zu verrathen, und um sich nicht selbst zu stören. Dies Alles war mir neu und fremd ... Man hat über die Neigung des Königs, ausschließlich für seine Person Schauspiele aufführen zu lassen, viel gespöttelt, aber ich muß gestehen, daß ich sie vollkommen begreife. Der König hält in dieser Weise alles fern, was den Künstler und Zuhörer stören kann ... nichts ist vorhanden, als das dramatische Werk, die Darsteller desselben und der einzige Zuschauer, den wir so sehr in die Welt der Illusion versetzen, daß er die Dichtung für Wahrheit hält ... Als gegen vier Uhr Morgens, der letzte Act zu Ende und der Vorhang gefallen war, befahl man uns bewegungslos auf der Bühne zu bleiben, damit der König nicht gestört werde. Er pflegt nämlich noch einige Zeit lang in der Loge zu bleiben und über das Geschehene nachzusinnen, wie Jemand, dem es Mühe kostet, wieder in die Wirklichkeit zurückzukehren ...«[179]

134-136 Figurinen mit Kostümen Ludwigs XIV. von Franz Seitz um 1870.

134

135

136

137 Ausfahrt Ludwigs II. von Linderhof nach Ettal, Aquarell von Otto v. Ruppert 1881

138/139 Ludwig II. und Joseph Kainz während ihrer Schweizer Reise 1881, Photographien des Ateliers Synnberg in Luzern.

Schon wenige Wochen nach den Tagen von Linderhof unternahm der König, der schon einmal 1865 in das Land Wilhelm Tells gereist war, gemeinsam mit Kainz vom 27. Juni bis 14. Juli 1881 seine zweite Schweizer Reise, mit Pässen, die auf die Namen ›Marquis de Saverny‹ (eine Gestalt aus ›Marion de Lorme‹) und ›Didier‹ ausgestellt waren. Die ersten Tage war der König, dem es nicht gelang, sein inkognito zu wahren, ständig mit Wagen und Schiff auf der Flucht vor öffentlichen Empfängen und Ovationen, bis er in der Villa Guttenberg am Vierwaldstätter See ein passendes Refugium gefunden hatte. Von dort aus unternahm er täglich Ausflüge auf den Spuren Wilhelm Tells. Durch die ungewohnten Anstrengungen – auf Wunsch des Königs mußte er den von Schiller in der Rütliszene des zweiten Akts beschriebenen Weg über den Surennenpaß bewältigen – war Kainz bald ständig übermüdet. Gottfried von Böhm berichtet: »Der König hatte offenbar erwartet, daß der Künstler, erfüllt und neu inspiriert von den großartigen Natureindrücken, die er empfangen hatte, von der Fahrt zurückkehren und ihm nun in gehobener Stimmung mit neuen Intonationen die herrlichen Worte Melchthals bei der Schwurszene auf dem Rütli, dem Orte der Handlung, vordeklamieren werde …
Aber Kainz war noch todmüde von dem zweitägigen Ausflug und im höchsten Maße ruhebedürftig. Als man ihm meldete, daß der König ihn mit Spannung erwarte, um noch in der gleichen Nacht auf den Rütli zu steigen, wirkte diese Aussicht ›niederschmetternd‹ auf ihn. Er begegnete dem König, der ihm lebhaften Auges mit gespannter Miene entgegenkam, mit wenig herzlichem Gruß und antwortete auf die begeisterte und triumphierende Frage desselben: ›Nun, wie war es?‹ – mit einem halb mürrischen, halb trotzigen ›Scheußlich!‹
Man bestieg das Schiff des Königs, auf dem sich seit dem Morgen eine Gesellschaft von 14 Alphornbläsern aus dem Muottothal eingefunden hatte, die während der Fahrt den Kuhreigen vortragen sollte, aber zu lärmend befunden und in Brunnen wieder ausgeschifft wurde.
Kainz hatte auf dem Vorderdeck neben dem König Platz genommen und war bald wieder in tiefen Schlaf versunken. Als er erwachte und erschreckt über seinen Mangel an Respekt zusammenfuhr, sah er sich sorgsam bedeckt mit Shawlen und

138

140 Ludwig II. auf dem Baumsitz der ›Königslinde‹ von Linderhof, wo er auch mit Kainz tafelte (s. den Auszug aus dem Tagebuch S. 96), Photographie von Joseph Albert nach einem Aquarell von Heinrich Breling (›König-Ludwig-Album‹ der Deutschen Verlagsanstalt von 1887).

einem großen Radmantel, welche der König ›allerhöchsteigenhändig‹ um die schlanke Gestalt des Freundes gebreitet hatte, während er in seinen Anblick versunken vor ihm stand. Kainz fürchtete das Schlimmste. Aber der König sagte nur: ›Sie haben aber geschnarcht.‹«
Zu einer schwerwiegenden Verstimmung zwischen ›Saverny‹ und ›Didier‹ kam es schließlich am 11. Juli auf dem Rütli: »Es war Nacht, als sie das Rütli bestiegen – eine wunderbare leuchtende Nacht. Von dem Zauber der Umgebung hingerissen, wandte sich der König an den Freund und bat ihn, ihm die Melchthal-Szene vorzusprechen. Übermüdet, wie er war, vor Mattigkeit fast tonlos, lehnte Kainz ab. Der König ließ nicht nach. Er gemahnte an ein ihm gegebenes Versprechen, die Szene einst an richtiger Stelle vor ihm sprechen zu wollen. Kainz weigerte sich. Mit der Müdigkeit verband sich noch bei ihm ein Gefühl von Unbehagen, in die stille Nacht hinein laute Sätze reden zu sollen ... Der König bat zuerst, forderte dann und befahl zuletzt. Hier erwachte in dem Künstler der Trotz. Er blieb bei seiner Weigerung und der König wandte ihm ohne weiteres den Rücken und ging davon.« Es gelang Kainz, der sein Verhalten schon bald bereute, nach einigen Irrfahrten zu dem abgereisten König in Luzern wieder vorzudringen. Die beiden Freunde ließen sich photographieren (Abb. 138, 139) und fuhren am 14. Juli bis zur bayerischen Grenze gemeinsam zurück. Doch die Tage der schwärmerischen Begeisterung Ludwigs II. für seinen ›Didier‹ waren vorbei. »Doppelt teuer«, schreibt der König an Kainz am 18. Juli 1881, »ist mir jetzt mein hiesiger Aufenthalt, da er mich durch den Namen (Kainzenhütte) an Sie erinnert, obwohl ich dieser Mahnung nicht bedürfte, da ich ohnehin sehr viel Ihrer gedenke. Wie ein Traum liegt Unser Aufenthalt in der Schweiz hinter mir; ein Traum gewoben aus freudigen und gegenteiligen Eindrücken. Wie freue ich mich darüber, daß wir am 14. noch so lange beisammen waren, denn an jenem Tage wurden die peinlichen Eindrücke jener Tage, welche gegen Ende Unseres Aufenthaltes in Brunnen und Umgegend durch Sie meist verdorben wurde, so viel als noch möglich war, für mich gemildert. ... Demnächst hoffe ich Ihnen Didier's und Saverny's Photographien, sowie Champagner aus Reims senden zu können.«

141

141 Ansicht von Schloß und Park Linderhof vom oberen Gartenpavillon aus, Aquarell von Heinrich Breling 1882. Blick vom Pavillon über die Kaskade gegen das Schloß, dahinter die große Fontäne und die Königslinde, die Terrassenanlage mit dem Monopteros, links die Kapelle.

142/143 Die Baustelle von Linderhof um 1874/75, Photographien von Joseph Albert. Die Linderhofer Parkanlagen erforderten zum Teil große Erdbewegungen, von denen nur die ›Königslinde‹ verschont blieb. Oben die Arbeiten für eines der seitlichen Parterres, unten die Arbeiten am südlichen Terrassengarten und die Anlage des großen Wasserbeckens vor dem Schloß

Linderhof

1869 konnte Ludwig seine neue, 1944 zerstörte Wohnung in der Residenz beziehen, einige wenige, Elemente des Stils Henry IV. bis Louis XVI. verarbeitende Zimmer, an die sich, gleichsam als separater Park, der Wintergarten anschloß. Kaum war die Wohnung in dem »so namenlos ungern bewohnten München«[180] vollendet, erhielt Hofrat Düfflipp am 30. September 1870 den Auftrag, einen neuen Plan für einen Anbau an das Königshäuschen von Linderhof entwerfen zu lassen. Der von Stallmeister Hornig mit einer das spätere Arbeitszimmer und die anschließenden Kabinette skizzierenden Zeichnung versehene Brief steht am Anfang der Baugeschichte der ›Königlichen Villa‹ Linderhof, die der König im Gegensatz zu Neuschwanstein und Herrenchiemsee vollenden und viele Jahre hat bewohnen können. Wie die Gegend um Hohenschwangau kannte Ludwig auch das Graswangtal von früher Jugend an, nachdem sich hier sein Vater als Ausgangspunkt für die Jagden in den Ammergauer Bergen das ›Königshäuschen‹ hatte erbauen lassen. An dieses Königshäuschen sollten sich nun nach dem vom König selbst erfundenen Grundriß um einen Hof ein halbrund geschlossenes Schlafzimmer mit einem ovalen Arbeitszimmer, einem ovalen Speisezimmer und vier hufeisenförmigen Eckkabinetten anschließen. Eine höchst einfache Holzkonstruktion bildete den Rahmen für Rokokointerieurs, wie sie dem durch seine erste Reise nach Paris 1867 und seine literarischen Studien für die Kunst der Bourbonen begeisterten König vorschwebten. Die Oberaufsicht des Baus hatte der Architekt Georg Dollmann, ein Verwandter Klenzes, den Ludwig neben dem gleichzeitig Neuschwanstein planenden Eduard Riedel zunächst als Privatarchitekt in seine Dienste nahm. Die Entwürfe für die Innenausstattung stammen vor

142

143

144 Die Burg Fernstein von Osten, Ansicht von Max Kuhn 1872. In dem hier untergebrachten Gasthaus, häufiges Ziel seiner Fahrten von Linderhof und Hohenschwangau, ließ sich der König gleichzeitig mit der Erbauung von Linderhof ein rotes und ein blaues Zimmer einrichten.

145 Christian Jank 1872, Entwurf zum Deckengemälde des Speisezimmers von Linderhof. Die Gemälde – Flora, Amor und Psyche, Venus und Bacchus, Venus mit Amor – wurden von Eduard Schwoiser und August Heckel ausgeführt (vgl. Taf. 34).

allem von Hoftheaterdirektor Franz Seitz, der bereits entscheidend an der Ausstattung von Ludwigs Wohnung in der Residenz mitgewirkt hatte, und dem Bühnenmaler Christian Jank, der auch in den Separatvorstellungen Spezialist für Rokokointerieurs war. Daneben waren in Linderhof auch die Maler Joseph Knab und Julius Lange mit Entwürfen beschäftigt, außerdem Adolf Seder, später Direktor des Kunstgewerbevereins, dem Ludwig einmal einen Auftrag mit der Begründung übertragen ließ, daß er »mehr Schwung habe, was Herrn Bau-Direktor Dollmann nicht gelingt.«[181]

Nach dem in einem Schreiben von Stallmeister Hornig skizzierten und mit detaillierten Angaben versehenen Grundriß hat der König 1872 auch ein neues rotes Zimmer für sein Absteigequartier am Fernpaß, das Schloß und Wirtshaus Fernstein bestellt[182]. Wie weit die Anweisungen des Königs in Linderhof gingen, können einige kritische Bemerkungen zeigen, als er im Oktober 1872 die Zimmer zu seiner Enttäuschung noch nicht ganz vollendet fand. In dem Brief an Düfflipp heißt es unter anderem:

»Seine Majestät der König seien sehr ungehalten, weil Majestät mit der Vollendung der Arbeiten hier so angeführt worden sind.

Daß die Genien über den Türen und am Plafond sowie die Bavaria im Arbeitszimmer weiß sind, sei von Hrn. Dollmann sehr geschmacklos, Majestät seien darüber sehr erstaunt und erzürnt und sollen obige gleich vergoldet werden.

Ebenso geschmacklos sei im Arbeitszimmer, daß der untere Theil desselben Goldverzierungen auf grünem Grunde habe, statt auf weißem; für solche Geschmacklosigkeit existiere gar kein Ausdruck.

Die Genien ober den Thüren, die das Wappen halten, seien nicht stylgemäß und sollen besser modelliert sein, woran auch die Überwachung von Seite des Hrn. Dollmann gefehlt habe.

Sei die Bavaria auch abscheulich, weil dieselbe nicht so ist, wie sie auf dem ersten Plan gezeichnet, und wie dieselbe auch am Plafond im roten Empfangssalon in München ist, während sie hier den Arm ausgestreckt hat.

In dem früheren Esszimmer hier hat Majestät genau bestimmt, daß Venus mit Amor obern Kamin und Venus und Bacchus obers Fenster kommen sollen, was jetzt gerade das Gegentheil ist, dieß ärgert Majestät am allermeisten, weil dasselbe nicht mehr geändert werden kann.

Daß die Figuren an diesem Plafond plastische Füße haben, will Majestät auch nicht gefallen, auch die Genien sollen nicht plastisch gemacht sein, sondern nur an den Plafond gemalt werden.

Die Armlehnen des Arbeitsstuhls sollen mehr gebogen sein, wie es stylgemäß ist, wenn es noch geändert werden kann …

Herr Maler Zimmermann hat versprochen, daß er das neue Bild sogleich beginnen wird, und daß er in sechs Wochen dasselbe fertig haben wird. Jetzt verlange derselbe drei Monate dafür; Euer Hochwohlgeboren möchten ihm daher diese Arbeit nehmen und einem andern geben, der es in sechs Wochen, ohne zu überhudeln, gerade so schön macht.«[183]

Das kaum vollendete Schlafzimmer sollte schon Ende 1872 um eine Achse verlängert werden und gleichzeitig erhielt Dollmann den Befehl, eine Außenfassade »im Rococostyl« zu entwerfen[184]. Doch erst nachdem das ›Königshäuschen‹ abgebrochen und weiter westlich an seinem heutigen

Platz wiedererstanden war, konnte die Holzkonstruktion der bereits bestehenden nördlichen Zimmer mit einem neuen, die Stelle des bisherigen Hofes einnehmenden Treppenhaus und neuen südlichen Zimmern in die von Dollmann entworfenen Hausteinfassaden des heutigen Schlosses eingefügt werden. Der Architekt, der 1864 die neugotische Kreuzkirche in Giesing errichtet hat, vereinigt hier einen ganz dem 19. Jahrhundert verhafteten Stil Louis XIV mit Motiven des Stils Louis XIII. Auch die neuen Zimmer werden wieder genau nach den Anweisungen des Königs ausgestattet. Die Eckzimmer sollen Gobelins mit Schäferszenen nach Boucher oder Watteau erhalten[185] und im Spiegelzimmer, zu dem sich Ludwig zwei verschiedene Entwürfe von Joseph de la Paix malen ließ, »sollen die Tapeten d. h. der blaue moirée antique mit schönen Rococoverzierungen eingefaßt werden, diese Verzierungen sollen annähernd die Form jener im Münchner Spiegelzimmer haben.«[186] Die mit der Ausstattung vollendeten neuen Räume ließ der König 1878 durch Hofphotograph Albert »in Stereoskopbildern auf Glas« photographieren[187]. Auch sonst mußten neue Werke, vor allem Gemälde, die besonders gefielen, immer sogleich photographiert werden, um sie in den verschiedenen Schlössern jederzeit verfügbar zu haben. Andererseits bildeten Photographien neben gezeichneten Ansichten und allen erreichbaren Stichwerken oft die Vorlage für die Künstler Ludwigs II., der auch seine Porträts meist nach Photographien malen ließ, da er selbst nur sehr ungern Modell saß. Trotz der verschiedenen, vom König vorgeschriebenen Vorlagen ist jedoch Linderhof eine genauso unverwechselbare Schöpfung des Historismus geworden, wie etwa das ›romanische‹ Neuschwanstein. Was hier geplant und in bester handwerklicher Ausführung – Schnitzereien von Bildhauer Philipp Perron, Stukkaturen von Theobald Bechler – verwirklicht wird, ist das durchaus eigenständige, mit dem Wiener Neurokoko nicht verwechselbare Rokoko Ludwigs II., das seine Herkunft aus dem in der Volkskunst bis ins 19. Jahrhundert weiterlebenden bayerischen Spätrokoko nicht verleugnet, doch seine verschiedenen Vorbilder in unerschöpflicher Phantastik übersteigert, etwa im Spiegelsaal, der das für den deutschen Schloßbau des 18. Jahrhunderts so charakteristische Motiv des Spiegelkabinetts aufnimmt. Dieser für Ludwig II. entwickelte Stil kann auch gelegentlich ganz bestimmte Vorbilder aus dem Rokoko zitieren, ohne sich in bloßer Kopie zu erschöpfen. Beispiele sind der 1885 von Julius Hofmann entworfene Hubertuspavillon bei Linderhof nach dem Vorbild von Cuvilliés' Amalienburg und die letzte Erweiterung des Schlafzimmers von Linderhof, bei dessen Entwurf sich Eugen Drollinger an Cuvilliés' Schlafzimmer in den ›Reichen Zimmern‹ der Residenz halten sollte. Selbst die Vorlagen für die Spiegelrahmen und Leuchter aus der in einer eigenen Rokokotradition arbeitenden Meißener Porzellanmanufaktur mußten in München gezeichnet und vom König genehmigt werden.

Es paßt zu diesem teilweise von Theatermalern nach Art eines Bühnenbildes entworfenen Schloß, daß es zunächst in einem Grundriß Dollmanns unmittelbar mit einem Theater verbunden ist. Später sollte dieses von Dollmann und Seder ähnlich dem alten Residenztheater mit mehreren Rängen und einer Königsloge geplante Gebäude als Gegenstück zum

146 Ansicht des Parks von Linderhof mit dem zunächst an der Stelle des Monopteros geplanten Theater. Aquarell von Ferdinand Knab, wohl 1874. Im Vordergrund das Hauptbassin mit einer Apollogruppe statt der später ausgeführten Floragruppe.

147-152 Entwürfe für Schloß Linderhof

147

147 Adolph Seder, Kamin des Spiegelzimmers, 1874.

148 Franz Seitz, Wandbespannung der Bettnische des Schlafzimmers, wohl 1870 (vgl. die Ausführung Abb. 166 und Taf. 32).

148

149 Der Innenraum des nicht ausgeführten Linderhofer Theaters, Entwurf von Adolph Seder 1876. Das mit nur einem Rang ausgestattete Theater, dessen Planung von François Cuvilliés Münchner Residenztheater (vgl. Taf. 66) ausgeht, war für die Separatvorstellungen bestimmt.

151

150 Franz Seitz, Baldachin des Audienzzimmers, wohl 1871.

151 Adolph Seder, Porzellanleuchter auf dem Schreibtisch des Spiegelzimmers, wohl 1874 (vgl. die Ausführung Taf. 35).

152 Joseph de la Paix, Spiegelzimmer von Linderhof, 1874 (vgl. die Ausführung Abb. 167).

152

Schloß auf der Anhöhe stehen, für die der König dann angesichts der dringenden Vorstellungen Düfflipps über die verheerende Lage der königlichen Finanzen 1875 den weniger kostspieligen Rundtempel bestimmte. Das Theater hätte Linderhof zum Schauplatz der Separatvorstellungen gemacht, deren Gestalten auch in den Pastellbildnissen der Kabinette gegenwärtig sind. »Bieten Sie alles auf, um ein Bild der Marquise de Créqui zu erhalten ... ich brauche nothwendig ein Pastellbild von ihr für den Linderhof, ich lese gegenwärtig in ihren sehr interessanten 7 Bändigen Memoiren«, schreibt der König 1871 an Hofrat Düfflipp[188]. Natürlich darf in der von Ludwig mehrfach geänderten Reihenfolge der Pastelle auch die Pompadour nicht fehlen, wobei der Hofrat dafür zu sorgen hat, daß der Maler Heigel »das Kleid der Frl. Ziegler aus dem Stück Narziß als Muster bekommt und daß es genau auf dem Bilde so ausgeführt wird.«[189] Im Speisezimmer, dessen versenkbares ›Tischlein-deck-dich‹ Ludwig erlaubte, auch während des Essens allein zu bleiben, konnte er sich in Gesellschaft der in den Pastellen der angrenzenden Kabinette repräsentierten Gestalten des französischen Hofes glauben. Es ist daher nicht verwunderlich, daß der König, der sich auch gern im Ornat der Georgiritter darstellen ließ, gelegentlich die von Seitz für die Separatvorstellungen entworfenen historischen Kostüme selbst tragen wollte. Der Befehl: »ganz ohne Aufsehen möchten Euer Hochwohlgeboren, nur auf kurze Zeit, aus dem Theater einige Hüte und ein schönes vollständiges Kostüm aus der späteren Periode Ludwig XIV. und ein Kostüm aus der Zeit Ludwig XV. recht bald hierher senden«[190], spricht ebenso für diese Vermutung wie die Tatsache, daß aus seinem Nachlaß ein Prunkgewand Ludwigs XIV. verkauft wurde[191]. Wegen eines neuen Hutes ergeht 1875 an Seitz der Auftrag, er solle »einige Hutzeichnungen aus dem 17. Jahrhundert anfertigen und bis morgen abend schicken. Majestät möchte sich nämlich einen Hut anfertigen lassen, dessen Krempe zu beiden Seiten der Schläfe halbschneckenförmig aufgebogen und nach vorn sowohl als nach hinten in hübscher Zeichnung nach abwärts geht.«[192]

Leben und Kunst am Hof der Bourbonen, das Hauptthema der Separatvorstellungen, spiegelt sich neben einzelnen Erinnerungsstücken, wie einer Nachbildung des Schreibzeugs der Marie Antoinette, auch im Bildprogramm des Schlosses. Zur Verehrung Ludwigs XIV. gehört die hervorragende Stellung des Sonnengottes Apollo in den Deckenbildern, neben dem sich die später in Herrenchiemsee nicht mehr so häufig auftretende Liebesgöttin wie ein Leitmotiv wiederholt, von der Geburt der Venus im Deckenbild des Spiegelsaals bis zu Johann Nepomuk Hautmanns Venusfigur im Monopteros. Die nach dem Vorbild der Venus in Watteaus ›Einschiffung nach Cythère‹ geschaffene Figur mußte der Bildhauer abändern, denn »Allerhöchstdieselbe fanden die zusammengebundenen Haare zu köchinnenhaft.«[193] Die besondere Aufmerksamkeit des Königs galt den das Leben am französischen Hof schildernden Supraporten. So heißt es anläßlich eines Supraportenentwurfs für das Schlafzimmer, wo Julius Benczur und Karl Otto das ›Lever‹ und ›Coucher‹ Ludwigs XIV. darzustellen hatten: »Die Skizze des Schlafzimmers gefällt Majestät einigermaßen, nur der Herr, welcher den Hut überreicht, hat eine falsche Bewegung, wie

153 Schloß Linderhof mit dem vorgefahrenen Kleinen Galawagen (vgl. Taf. 27), Photographie von Joseph Albert um 1885.

154 Angeblich aus dem Nachlaß des Königs stammendes Prunkgewand Ludwigs XIV. in einer amerikanischen Privatsammlung.

am Theater, Seine Majestät glauben wie wenn er Kegel schieben wollte.«[194] 1873 ergeht wegen eines ähnlichen Gemäldes der Befehl, dem König grundsätzlich vorher einen Entwurf vorzulegen: »Das Bild von Herrn Maler Schwoiser ist sehr zur Allerhöchsten Zufriedenheit ausgefallen, nur ein Fehler wurde begangen, es ist der Gardensaal der Königin gezeichnet, während behandelte Scene im Gardensaal des Königs sich abwickelte. Seine Majestät werden das Bild nicht ändern lassen, es soll jedoch für die Zukunft Allerhöchst Derselben immer zuerst eine Scizze des bestellten Bildes vorgelegt werden.«[195] Zu malerische und flüchtige Skizzen werden dabei als »in der Ferne wie in der Nähe gleich abscheuliches Farbengepatz«[196] verworfen. Sehr aufschlußreich sind auch die Bemerkungen des Königs auf den in den gleichen Jahren ausgeführten Entwürfen für ein historisches Porzellanservice mit Szenen aus der Zeit Ludwigs XIV. und Ludwigs XV. Auf dem Entwurf Watters zu einer Kaffekanne mit der Darstellung ›Louis XIV et Molière‹ heißt es zum Beispiel: »Das Bild soll besser durchgeführt, namentlich das Bett in den Details genauer behandelt, die Gesichter edler gehalten und überhaupt der vorhandene Kupferstich mehr als Vorbild genommen werden.«[197] Immer wieder ist es dabei die Gestalt Ludwigs XIV., der »in seiner Haltung und ganzen persönlichen Erscheinung edler und imponierender dargestellt werden soll.«[198] Aber auch formale Fehler werden bemängelt, wie die Perspektive oder die Farben. So heißt es von einer Tischplatte des Porzellanmalers Grünwedel im Spiegelsaal, sie sei trotz dreimaligen Brennens zu hell, »es sei z. B. der Rock von dem Hrn. welcher den Rücken zeigt zu hellroth, auch das rothe Kleid von der Dame, welche nicht weit weg von dem Herrn sitzt.«[199]

So war für eigenwillige Maler in Linderhof kein Platz und ihre Schöpfungen sind, für sich betrachtet, genauso zweitrangig wie die Gemälde in

Über das Leben des Königs in Linderhof berichtet der ehem. Kabinettssekretär Ministerialrat Friedrich von Ziegeler 1886: »In der Zeit von 1880 bis 1883 machte ich mir über die Lebensweise Seiner Majestät auf dem Linderhofe, so oft ich dorthin zum Vortrage kam, immer die trübsten Gedanken.
Ich kam um 2 Uhr Nachmittags in Linderhof an. Alles war wie ausgestorben. In dem Erdgeschosse des Lustschlößchens, das außer dem Erdgeschosse nur noch ein Stockwerk hat, befindet sich ein kleines Zimmerchen mit zwei Betten für den Stallmeister u. den Haushofmeister. Dieses Zimmer wurde für den Tag des Vortrags mir überlassen, da außerdem kein Raum fur mich vorhanden gewesen wäre. Da Seine Majestät nicht duldete, daß Jemand sich in dem das Schloß umgebenden Garten befindet, so war ich in dieses Zimmer gebannt, dessen Fenster auf den Bassin und auf die dem Schlosse gegenüber liegende Terrasse hinausgeht. Um 5 Uhr hörte ich über mir die schweren Schritte Seiner Majestät; dies war damals gewöhnlich die Stunde des Aufstehens und des ersten Frühstückes. Gleich darauf begann die Fontäne vor dem Schlosse zu springen. Seine Majestät traten vor das Schloß und betrachteten umhergehend die Fontäne und spielte mit den Schwänen. Dann bestiegen Seine Majestät die Terrasse, begrüßten die Büste der Königin Marie

Antoinette und gingen zum Gipfel der Terrasse, zum Venustempel; hierauf ging der Spaziergang langsam wieder herab und in das Schloß zurück. (Dabei fiel mir immer wieder der schwere, stampfende ganz eigenthümliche Schritt Seiner Majestät auf.) Hierauf ließen Seine Majestät sich einige Zeitungen, insbesondere illustrirte Zeitschriften vorlegen und nahmen ein zweites Frühstück. Während dieser Zeit brachten die Kammerlakaien Aufträge aller Art, häufig die Bekämpfung der Socialdemokraten betreffend, in mein Zimmer. Es wurde, je nach dem das zweite Frühstück »einfach« oder »verstärkt« war, 8 Uhr, 9 Uhr, 10 Uhr Abends bis ich zum Vortrag befohlen wurde. Der Vortrag dauerte gewöhnlich zwei Stunden (oft auch länger). Nach demselben wurde manchmal das Diner eingenommen, manchmal vorher eine Spazierfahrt in der einsamen, in Nacht gehüllten Umgebung des Linderhofes unternommen. Zum Schlusse war gewöhnlich Beleuchtung der Grotte oder Souper im Hundinghaus. Um 2 Uhr, 3 Uhr Morgens oder noch später gingen Seine Majestät zur Ruhe. Und diese Tagesordnung war von einer erschreckenden Regelmäßigkeit.«

Neuschwanstein. Doch sie sind nicht zu trennen von dem durch den Willen des Königs geschaffenen Gesamtkunstwerk, das in seinem Bildprogramm wie im Wandel der Raumformen und Farben nicht anders betrachtet sein will als ein Schloß des 18. Jahrhunderts. Dazu gehört auch der bis zum Herbst 1877 von Hofgartendirektor Effner geschaffene Park, zweifellos eine der bedeutendsten Gartenanlagen des 19. Jahrhunderts überhaupt, die von der strengen Stilisierung im Achsenkreuz des Schlosses über einen ausgedehnten Landschaftsgarten in die Bergwälder übergeht. Wie in Neuschwanstein die Natur ist hier die Gartenanlage bei der Komposition der Fenster berücksichtigt, zum Beispiel kann der König vom Bett aus auf die Kaskade blicken. Gleich einem mit verschiedenen ›fabriques‹ ausgestatteten Landschaftsgarten des 18. Jahrhunderts erscheinen Linderhof und Neuschwanstein als Hauptstützpunkte in dem riesigen Naturpark des Königs, der mit verschiedenen gebauten oder nur projektierten Anlagen von Garmisch über den Plansee und Füssen bis zum Falkenstein im östlichen Allgäu reicht.

155-157 Entwürfe zu bemaltem Porzellangeschirr mit Szenen aus dem französischen Hofleben, um 1870/75. Beschriftungen mit auf den König zurückgehenden Korrekturanweisungen.

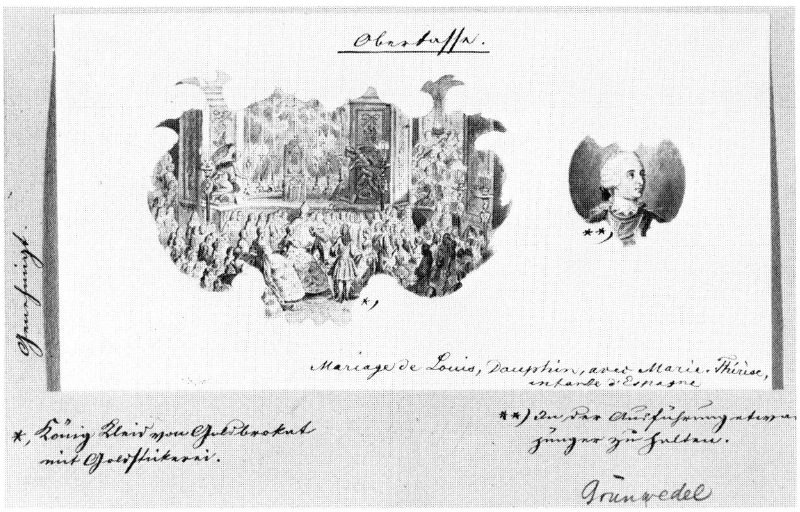

155 Carl Grünwedel, Entwurf für eine Obertasse (»Mariage de Louis, Dauphin, avec Marie-Thérèse, infante d'Espagne«) mit Bemerkung zum Kopf des Dauphin: »In der Ausführung etwas jünger zu halten.«

156 Joseph Watter, Entwurf für eine Untertasse (»Entrée de Louis XV dans ses grands appartements«).

157 Carl Grünwedel, Entwurf für ein Tellerbild (»Maximilien-Emmanuel, électeur de Bavière, à Versailles«), mit der Anweisung: »Die Perspektive muß nach der Wirklichkeit genommen werden, wie man nämlich vom Kanale aus das Schloß sehen kann. Fahne soll weiß sein, mit goldenen Lilien darauf, nicht roth und blau.«

158

158 Der Krönungswagen Kaiser Karls VII. (jetzt im Münchner Marstallmuseum), eine in Paris um 1730 entstandene ›Grande Carosse‹, die Ludwig II. restaurieren ließ und auch als Anregung für seine neuen Prunkgefährte benützte. Kolorierte Photographie von Joseph Albert.

159 Franz Seitz, Entwurf zum Prunkgeschirr des Puttenschlitten 1872.

Dieses Reich pflegte der König bei seinen häufigen Ausfahrten in goldenen Prunkwagen und Prunkschlitten zu durchfahren, auf die man auch in der Residenzstadt zum Ärger des Königs durch einige indiskrete Pressenotizen über die ungeheuren Kosten aufmerksam wurde. Mit dem 1870/71 nach Franz Seitz' Entwürfen von Hofwagenfabrikant Franz Gmelch erbauten großen Gala-Wagen erhielt Ludwig, der sich aus ganz Europa Bilder historischer Wagen besorgen ließ, eine Art Krönungswagen in Form einer ›grand carosse‹ Ludwigs XV. Über die geplanten Ausfahrten des Königs in diesem Wagen teilt Stallmeister Hornig Hofrat Düfflipp »zur Beruhigung« mit, »daß seine Majestät schon Sorge tragen würden, daß von den projectirten Fahrten in dem goldenen Wagen keine Seele etwas erfahren solle. Diese Fahrten sollen nun folgendermassen stattfinden: Voraus haben vier Trompeter zu reiten, dann folgt der vor dem Wagen reitende Reitknecht, Vorreiter und Kutscher ... links und rechts neben dem Wagen je ein Stallmeister und hinter demselben acht Reitknechte, die die Uniformen, welche die zur Zeit Ludwigs XV. den selben Dienst versehenden Garden getragen, anhaben müßten. Neben den vier Trompetern hat auch noch ein Pauker zu reiten.«[200] Diese Kostüme – dazu für den König auch Kostüme, wie sie Ludwig XV. im Feld beziehungsweise bei Hoffesten trug – hatte wieder Franz Seitz zu entwerfen, und Düfflipp sollte die Ausführung »ganz unter der Hand betreiben, es so hinstellen als wenn die Costüme für die Theatergarderobe gefertigt würden.«[201]

Kaum war der große Galawagen vollendet, erhielt Seitz den Auftrag, zu dem bereits vorhandenen kleinen Rokokoschlitten einen großen Schlitten zu entwerfen. »Der Kasten selbst ist in seiner Form zu steif«, heißt es in der Kritik des ersten Entwurfs, »nicht zierlich genug, er darf nicht so lange und spitz nach vorne zulaufen sondern in seiner Zeichnung eleganter und mehr den geschmeidig gewundenen Rococoformen entsprechen. Es werden Herrn Hofrath mit diesem Brief einige Kupferstiche vorgelegt, die Seitz

162 Ludwig II. um 1883.

163 Lorenz von Düfflipp.

160 Franz Seitz, Alternativentwurf zum Puttenschlitten entsprechend dem ausgeführten Entwurf, jedoch mit geschlossenem Kasten, 1972.

161 Vorentwurf zum Puttenschlitten von Franz Seitz 1871/72.

165 Eine Fahrt Ludwigs II. mit dem 1872 nach Entwürfen von Franz Seitz (Abb. 159-161) angefertigten Puttenschlitten (s. Taf. 37), Photographie von Franz Hanfstaengl nach einem Aquarell von O. Scheuerer?

164 Richard Hornig. Stallmeister.

vielleicht annähernd als Vorlage benützen könnte ... Der hintere Theil des Schlittenkastens darf nicht so werden wie auf den Kupferstichen, nur dürfte der mit ›3‹ bezeichnete vielleicht einige Anhaltspunkte geben. An beiden Seiten des Schlittens werden elegante Schäferscenen gemalt, und möchten Herr Hofrat alle in dieses Fach einschlagende Kupferstiche nach Boucher, Baudouin und Fragonard beim nächsten Vortrage mitbringen ... Der am hinteren Theil des Schlittens verwendete Tritone ist zu weit vom Kasten entfernt, der ganze Schlitten muß überhaupt so kurz als möglich werden; der von dem Tritonen gehaltene Kutschersitz ist zu hoch, so würde er das Bild beeinträchtigen. Es ist auch nicht nothwendig, daß der Kutscher einen Platz zum Sitzen bekommt, ein Brett tiefer unten zum Stehen würde genügen.«[202] Eine Fahrt des Königs, in diesem 1872 von Hofwagenfabrikant Johann Michael Mayer vollendeten Schlitten von Schloß Neuschwanstein über den Schützensteig nach Linderhof hat um 1880 R. Wenig gemalt. In der nächtlichen Schneelandschaft tragen goldene Putten die – dank einer elektrischen Batterie – in magischem Glanz erstrahlende Königskrone über dem König, der auch bei stundenlangen Ausfahrten die Kälte nicht zu spüren schien. Der Kasten des 1873 wieder von Seitz entworfenen und von Mayer ausgeführten kleinen Gala-Wagens konnte im Winter auf Kufen gesetzt und als Schlitten benützt werden. Als dieser Wagen vollendet war, träumte der König erneut von einem Gefährt, das jedoch wie viele spätere Kutschen- und Schlittenprojekte nur Entwurf blieb: »In vergangener Nacht träumten Seine Majestät von einem schönen Galawagen ... In der Mitte desselben halten Genien die Krone, ebenso war auch vorne am Wagen eine Krone zu sehen, die von Genien getragen wurde. Der ganze Wagen war sehr phantasiereich geschnitzt, Palmen, Genien und Amouretten zierten das Ganze und es sah aus, als wenn der Wagenkasten von Genien getragen würde ...«[203]

165 

166

166 Der Linderhofer Spiegelsaal, Weitwinkelmontage von Joseph Albert um 1880 (vgl. den Entwurf Abb. 152 und Taf. 35).

167 Das Linderhofer Schlafzimmer vor der seit 1884 erfolgten Umgestaltung (vgl. Taf. 32), Weitwinkelmontage von Joseph Albert, der 1878 den Auftrag erhielt, die Linderhofer Innenräume in »Stereoskopbildern auf Glas« aufzunehmen. Das alte Paradebett kam mit weiteren beim Umbau nicht mehr verwendeten Ausstattungsstücken des Schlafzimmers ins Bayerische Nationalmuseum.

167

26 Schloß und Park Linderhof. Ludwig II. erwarb 1869 das Gebiet um den Linderhof im Graswang-Tal, wo bereits eine Jagdhütte seines Vaters Maximilian II., das ›Königshäuschen‹, stand. Unter Leitung seines Architekten Georg Dollmann ließ er hier die ›Königliche Villa‹ Linderhof errichten, die bis 1878 samt ihrer Innenausstattung vollendet war. Der gleichzeitig von Hofgartendirektor Karl von Effner gestaltete Park geht von der strengen Stilisierung der von Hecken und Laubengängen gerahmten Anlagen des Schlosses mit einem Englischen Landschaftsgarten in die Bergwälder über. Die Aufnahme zeigt den Blick vom Rundtempel über dem südlichen Terrassengarten auf das Hauptparterre vor dem Schloß

27 Kleiner Galawagen Ludwigs II. Durch die Bergwelt um Linderhof fuhr der König mit seinen goldenen Kutschen und Schlitten im Stil Louis XV. Der 1873 von Hofwagenfabrikant Johann Michael Mayer nach Entwürfen von Hoftheaterdirektor Franz Seitz gebaute Galawagen (Abb. 153 zeigt ihn vor Schloß Linderhof) hält sich im Typ an die ›Carosscoupés‹ des 18. Jahrhunderts und konnte im Winter in einen Schlitten verwandelt werden (Schlittengestell Taf. 1).

28 Vestibül. Daß Schloß Linderhof »im Zeichen der Sonne« zur Welt der Bourbonen gehört, wird schon im Vestibül deutlich gemacht: im Mittelpunkt steht eine bronzene Reiterstatuette König Ludwigs XIV. nach dem Vorbild der in der französischen Revolution zerstörten, 1699 von François Girardon vollendeten Statue auf der heutigen Place Vendôme in Paris. An der Decke als Hinweis auf den Sonnenkönig ein Sonnenhaupt mit dem Schriftband NEC PLURIBUS IMPAR (»auch Vielen gewachsen«), der Devise Ludwigs XIV.

29 Westliches Gobelinzimmer (Musikzimmer). Mit diesem Raum beginnt der Rundgang durch die im Anschluß an das Vestibül über eine zweiflügelige Marmortreppe erschlossenen königlichen Räume des Obergeschosses von Linderhof. Die Zimmerflucht mit den als südöstlicher und südwestlicher Eckraum einander entsprechenden Gobelinzimmern wurde erst seit 1874, nach dem Abbruch des Könighäuschens, mit den früher eingerichteten nördlichen Wohnräumen verbunden. Das Musikzimmer mit einem Klavier und Harmonium vereinigenden Musikinstrument (ein »Pianino-Aeolodicon«) erhielt Gobelins imitierende Gemälde auf Leinwand von Heinrich von Pechmann mit Schäferszenen nach Watteau und Boucher. Die nach Angaben des Königs 1877 aus farbigem Sèvres-Porzellan geschaffenen lebensgroßen Pfauen der Gobelinzimmer stehen auf einem Rosengeflecht aus vergoldeter Bronze.

30 Audienzzimmer (Arbeitszimmer). Das nach französischen Vorbildern entwickelte zweite bayerische Rokoko der Prunkräume von Linderhof wurde nach Angaben des Königs zum Teil von den Münchner Hoftheaterkünstlern entworfen, so das Audienzzimmer 1870/71 von dem Bühnenmaler Christian Jank, von dem auch die ersten Entwürfe für Neuschwanstein (Abb. 70-72) stammen. Der Raum mit seinen geschnitzten Vertäfelungen und Deckenstukkaturen wird beherrscht von dem von Franz Seitz entworfenen Thronbaldachin (Abb. 150), dessen Hermelinfutter vom Krönungsmantel König Ottos von Griechenland, einem Onkel Ludwigs II., stammen soll.

31 Lila Kabinet. Das an das Audienzzimmer anschließende Lila Kabinett mit einer von Christian Jank 1871 entworfenen Stuckdecke, zeigt wie das Gelbe Kabinett bzw. im Anschluß an das Speisezimmer das Rosa Kabinett und das Blaue Kabinett (Taf. 34) als Hauptschmuck, in nach Entwürfen von Franz Seitz reich geschnitzten Rahmen, Albert Gräfles 1872 geschaffene Pastellbildnisse von Persönlichkeiten des französischen Hofes, hier Ludwig XV. zwischen der Herzogin Marie Anne de Châteauroux und der Marquise de Pompadour.

32 Schlafzimmer. Im Mittelpunkt der Raumflucht hat Ludwig II. sein Schlafzimmer seit 1884 nach Plänen von Eugen Drollinger erweitern lassen. Von der Stickerei des neuen Bettbaldachins kam bis zum Tod des Königs nur das Bayerische Wappen in ›Nadelmalerei‹ von Dora und Mathilde Jörrens zur Ausführung. Das Deckengemälde von Ludwig Lesker über der Bettnische stellt den Sonnenwagen Apolls dar. Den Zustand des Schlafzimmers vor der Erweiterung zeigt eine alte Photographie von Hofphotograph Joseph Albert (s. Abb. 167).

33 Blick vom Schlafzimmer auf die Kaskade. Aus den Räumen des Schlosses ergeben sich ganz bestimmte Blickbeziehungen zu den Hauptansichten des Parkes, so in der Achse des Paradebettes, in dem sich der ›Sonnenkönig‹ zur Ruhe begibt, durch das Mittelfenster der Blick auf die nach einem Aquarell von Heinrich Breling ursprünglich weiß-blau angepflanzte bourbonische Lilie und die aus 30 Marmorstufen bestehende Kaskade, die sich in ein Bassin mit der von einem Versailler Vorbild angeregten Neptungruppe (Zinkguß von Michael Wagmüller) ergießt.

34 Blick vom Blauen Kabinett in das Speisezimmer. Im Mittelpunkt des ovalen Speisesaals mit seinem nach Entwurf Christian Janks (Abb. 145) gestalteten Plafond steht unter einem Lüster aus Meißner Porzellan das ›Tischlein-deck-dich‹. Über den versenkbaren Tisch, auf dem eine Blumenschale, ebenfalls Meißner Porzellan, steht, konnte der König vom Erdgeschoß aus bedient werden. So blieb er allein mit den ihm auch aus seinen Separatvorstellungen vertrauten Gestalten des französischen Hofes, wie sie in den Pastellbildnissen der Kabinette dargestellt sind – im Hintergrund das Rosa Kabinett mit dem Bildnis der Dubarry.

35 Spiegelsaal. Zwischen den beiden Gobelinzimmern greift der 1874 von dem Architekturmaler Joseph de la Paix entworfene Spiegelsaal (Abb. 152) das bereits im deutschen Schloßbau des 18. Jahrhunderts so beliebte Motiv des Spiegelkabinetts auf (alte Gesamtansicht des Raumes Abb. 166). Auf dem von Adolph Seder entworfenen Schreibtisch steht, in unendlicher Reihenfolge widergespiegelt, das Bildnis Ludwigs XV., eine nach Versailler Vorbild von Bildhauer Anton Heß 1875 gefertigte Marmorstatuette.

36/38 Schloß und Park Linderhof im Winter. Die heute, vor allem in den Sommermonaten, täglich von vielen Tausenden besuchten Anlagen, blieben unter Ludwig II. streng gegen die Öffentlichkeit abgeschirmt. Der erste Spaziergang des einsamen Königs nach dem Aufstehen führte entsprechend dem Bericht S. 108 zu der südlichen Terrassenanlage (Taf. 36), wo er die Büste der von ihm tief verehrten Königin Marie Antoinette (im mittleren Bogen) begrüßte und den Rundtempel mit der Venusfigur von Bildhauer Johann Hautmann besuchte. Statt des Rundtempels plante der König hier ursprünglich ein Theater für seine Separatvorstellungen (vgl. den Entwurf Abb. 146).

37 Schlittenfahrt Ludwigs II. Das Gemälde von R. Wenig zeigt eine nächtliche Schlittenpartie des Königs von Neuschwanstein über den Schützensteig nach Linderhof. Über dem mit vier Schimmeln bespannten Schlitten strahlt die von Putten getragene Krone: der nach Entwürfen von Franz Seitz (Abb. 159-161) 1872 von Hofwagenfabrikant Johann Michael Mayer angefertigte Puttenschlitten erhielt 1885 eine elektrische Installation mit einer Batterie im Schlittenkasten.

39 Hauptfassade von Schloß Linderhof. Die Steinfassaden des Schlosses wurden seit 1874 von Ludwigs Architekten Georg Dollmann um die im Rahmen einer einfachen Holzkonstruktion zum Teil schon bestehenden Räume der ›Königlichen Villa‹ geplant. Die Hauptfassade mit einem von Atlanten getragenen Balkon bekrönt ein Giebel mit dem königlichen Wappen und dem in Zinkguß ausgeführten Atlas von Bildhauer Franz Walker.

27

28

36

37

168 Festbankett mit Ludwig II. im Ballsaal der Münchner Residenz 1873 anläßlich der Hochzeit der Erzherzogin Gisela, Tochter von Kaiser Franz Joseph, mit Prinz Leopold Maximilian, Sohn des späteren Prinzregenten Luitpold. Aquarell von Eibner und Wiedemann 1873.

Der König in München

Dem König, der sich in Herrenchiemsee ein aus der deutsch-nationalen Sicht des Bismarck'schen Kaiserreichs scheinbar völlig abwegiges neues ›Versailles‹ errichten ließ – um dort allein, fern von der Münchner Hofgesellschaft als wahrer König zu leben – wurden die jährlichen ›Zwangsaufenthalte‹ in seiner Residenzstadt in den späteren Jahren immer unerträglicher. Der frühere Kabinettssekretär Friedrich von Ziegeler berichtet 1886:

»Den Gipfelpunkt erreichte dieses Gefühl der Unzufriedenheit stets in München. Nach Ablauf des Hohenschwangauer Winteraufenthalts nach München zurückzukehren, war für Seine Majestät immer fürchterlich, entsetzlich. Deshalb wurde der Aufenthalt in Hohenschwangau immer weiter ausgedehnt. Er wurde von 1876 bis 1883 allmälich um einen Monat verlängert. Die Befehle zur Abreise von Hohenschwangau wurden im letzten Augenblicke gegeben. Wie ich aus guter Quelle weiß, wollten Seine Majestät oft noch unterwegs umkehren.

In München angekommen verließen Seine Majestät mehrere Tage die Zimmer in der Residenz nicht und klagten über Unwohlsein ...«

Der König, der nur höchst ungern auf Drängen seiner Minister und des ganz im Sinn Bismarcks verhandelnden Oberststallmeisters Graf von Holnstein den ›Kaiserbrief‹ unterschrieben und damit die Proklamation Wilhelms I. zum Deutschen Kaiser in Versailles eingeleitet hatte, mußte seitdem fürchten, ein »Schattenkönig von Preußens Gnaden« zu werden, und verband diese Befürchtungen mit einer intensiven Abneigung gegen den preußischen Kronprinzen Friedrich Wilhelm (vgl. das Gespräch mit Felix Dahn auf dem Schachen S. 168). Schon der von der Münchner Bevölkerung bejubelte Einzug des preußischen Kronprinzen am 16. Juni 1871 an der Spitze der bayerischen Truppen (Abb. 169) mußten den König verletzen.

169 Ludwig II. zu Pferd vor dem Denkmal Ludwigs I. auf dem Odeonsplatz, anläßlich der Siegesparade der Bayerischen Truppen in München am 16. Juni 1871 unter Führung von Kronprinz Friedrich Wilhelm von Preußen, Photographie von Joseph Albert.

170 Kronprinz Friedrich Wilhelm von Preußen.

171 König Ludwig II. in Generalsuniform.

172 Fürst Otto von Bismarck.

173 General Ludwig von der Tann,
Befehlshaber der bayerischen Truppen.

174 Prinz Otto in Generalsuniform.

170

171

172

169

173

174

Zu den wenigen höfischen Ereignissen in München, die dem König noch Freude machten, gehörten die Georgi-Ritterfeste mit dem Ritterschlag in der Hofkapelle (Abb. 175), von denen Graf Hugo von Lerchenfeld-Köfering berichtet: »Auch die Diners und sonstigen Veranstaltungen bei Hof wurden immer seltener und hörten mit der Zeit ganz auf. Nur den Ritterschlag am Feste des Heiligen Georg nahm der König auch später noch manchmal vor, weil er sich in der Prachtentfaltung des Ordensgroßmeisters gefiel und die ganze Zeremonie mit ihrem altertümlichen Pomp und ihrer über die Grenzen des Landes reichenden Bedeutung in seinen Gedankenkreis paßte. Doch auch dieses Fest ließ der König in manchen Jahren ausfallen; einmal wurde sogar die gesamte, schon in der Residenz versammelte Ritterschaft, nachdem sie über eine Stunde auf den Großmeister gewartet hatte, wieder nach Hause geschickt. Wenn Ludwig II. aber das Fest abhielt, so füllte er seine Rolle mit unnachahmlicher Würde aus.«

Zu Truppenparaden war der König nur schwer zu bewegen. Über die letzte ›Königsparade‹ am 22. August 1875 berichtet die Presse: »Der König ritt sein hochgebautes, starkes braunes Pferd in leichtem Schritte. Überall in den Straßen wurde er von dem Volke mit brausenden Hochrufen empfangen, die sich in einer Linie von der Residenz bis auf Oberwiesenfeld fortpflanzten. Zehn Minuten nach 11 Uhr traf Se. Majestät in Oberwiesenfeld ein, von der des Schauspiels harrenden Menge enthusiastisch begrüßt. In demselben Augenblick rührten sich die Trommeln, die Musikkorps spielten die bayerische Volkshymne, die Truppen nahmen das Gewehr auf ... Als der Vorbeimarsch um halb 2 Uhr beendet war und die seit 9 Uhr morgens angestrengten Truppen kurze Rast hielten, ritt der König an den Wagen der Prinzessin Gisela und unterhielt sich mit derselben auf das freundlichste während einiger Minuten. ...

175 Ludwig II. als Großmeister des Georgi-Ritterordens (vgl. Taf. 46), Ritterschlag beim Georgi-Ritterfest in der Alten Hofkapelle der Münchner Residenz. Gouache um 1875, wohl von Friedrich Eibner.

176 Ludwig II. zu Pferd an der Spitze seines Generalstabs, rechts vom König Prinz Luitpold, nach einem Gemälde von Ludwig Behringer 1879, das wohl die Truppenparade von 1875 darstellt.

177 Blick auf die Hauptachse des von Carl v. Effner geplanten Parks von Herrenchiemsee mit der Apollogruppe und dem in den See mündenden großen Kanal. Aquarell von Heinrich Breling um 1880.

Herrenchiemsee

Der vielleicht größte – kostspieligste – Traum, den sich der König erfüllte, aber war sein eigenes ›Versailles‹, nachdem er das ihm als häufiger Schauplatz seiner Separatvorstellungen längst vertraute Schloß auf seiner Frankreichreise 1874 eingehend besichtigt hatte: »Stets werde ich auf dieses Jahr beglückt und zufrieden wie auf kein anderes zurückblicken«, schreibt er am 27. Oktober 1874 an seinen späteren Flügeladjudaten Graf Dürckheim-Montmartin, »wie an einen wundervollen Traum gedenke ich an meine Reise nach Frankreich, an das endlich erschaute angebetete Versailles.«[204] Zunächst hatte Ludwig, gleichzeitig mit seiner ›Königlichen Villa‹, in Linderhof sein ›Versailles‹ errichten wollen, dessen Pläne seit 1870 unter dem Decknamen ›Meicost-Ettal‹ laufen, ein Anagramm, in dem der Grundsatz des Absolutismus »l'état c'est moi« versteckt ist. Schon wenn im Vestibül des kleinen Schlosses Linderhof, das im Verhältnis zu dem geplanten großen Schloß wie eine Art Trianon gewirkt hätte, die 1875 aufgestellte Kopie eines Reiterstandbildes Ludwigs XIV. steht, ist dies für Ludwig mehr als eine historische Reminiszenz. Denn er kann sogar seinen Namen auf die Bourbonen zurückführen: sein Taufpate war Ludwig I. und dessen Taufpate war kein anderer als Ludwig XVI. von Frankreich. Wie seine Reise in das geschlagene Frankreich 1874 mochten auch die Pläne eines neuen Versailles aus der deutsch-nationalen Perspektive des von Ludwig selbst gegen seinen Willen mitbegründeten Bismarckschen Kaiserreichs zu politischen Fehldeutungen Anlaß geben. Doch der König plante ›Meicost-Ettal‹ nur als Monument des ihm durch Patenschaft verwandten Ludwigs XIV., weniger als Monument eines französischen Königs, sondern als Monument des Schöpfers und der einmaligen Verkörperung eines absoluten Königtums, das durch den von Ludwig II. immer als besonders erschütternd empfundenen Tod Ludwigs XVI. und Marie Antoinettes in

Frage gestellt worden war. Während die ›Königliche Villa‹ Linderhof in ihren verhältnismäßig bescheidenen Ausmaßen nur als Wohnung des Königs geplant war, soll sich in dem in der Planung Dollmanns immer größere Dimensionen annehmenden ›Meicost-Ettal‹ eine Art Wiedergeburt des absoluten Königtums vollziehen, das Ludwig versagt ist, an das er sich aber in den von keiner Hofgesellschaft erfüllten Räumen »erinnern« kann, um in dieser Erinnerung fern der bürgerlichen Welt des 19. Jahrhunderts als echter König zu leben. »Ja, Sie haben es richtig erkannt, was der Urgrund meiner idealen Leiden ist!« schreibt er 1872 an Wagner, »Wissen es, daß ich keine noch so großen und schmerzlichen Opfer scheue, wenn es das wahre Wohl der Nation erheischt und daß ich in mir die Berechtigung fühle, dagegen in meiner Sphäre zu bleiben, mich nicht herabziehen lassen zu müssen in den Strudel der Alltagswelt, die mich anwidert, selbst wenn ich für sie sorgen muß, sondern in meiner ideal-monarchisch-poetischen Höhe und Einsamkeit ... zu verharren.«[205]

Auf den idealen Standort für ›Meicost-Ettal‹ wurde der König durch öffentliche Proteste gegen die Abholzung des alten Baumbestandes der seit der Säkularisation 1803 in den Händen privater Besitzer befindlichen Herreninsel im Chiemsee aufmerksam. Es paßt zu dem 1873 erfolgten Kauf der Herreninsel, daß der König, der ständig fürchtete, ein ›Schattenkönig‹ von Preußens Gnaden zu werden, damals den Archivar v. Löher in der ganzen Welt nach Inseln oder Territorien Ausschau halten ließ, die der König kaufen könne, um fern von Bayern eine unabhängige Herrschaft aufzurichten. Löher schlug unter anderem die Insel Mallorca vor, aber auch unerforschte Gebiete in Afrika und Asien, wozu Bürkel in seinem Gutachten bemerkt: »Es ist mir ein unfasslicher Gedanke, daß Eure Majestät an einer von der Weltkultur so entlegenen Küste lande, um inmitten einer halbwilden Bevölkerung an Leib und Leben bedroht, die Tage zu verbringen.«[206] Erstaunlich ist, daß der König für die landschaftliche Schönheit des Chiemsees, vielleicht weil er zu fern von seinen geliebten Bergen war, keinen Sinn hatte: »Seine Majestät seien für die hiesige Gegend sowohl als für den See nicht eingenommen und hätten für beide keine Vorliebe. Die Kunst allein müsse dieses Unangenehme angenehm machen, und Gegend und See vergessen machen.«[207] Erst nach jahrelangen gründlichen Vorbereitungen wurde auf der Insel, die der König von 1875 bis 1881 kein einziges Mal besucht hat, am 21. Mai 1878 der Grundstein des neuen Schlosses gelegt. Nach dem Baubetriebsplan des gleichen Jahres sollte es bei einem Kostenaufwand von 6,5 Millionen Gulden binnen 16 Jahren vollendet sein. In den ersten Jahren wurden die Termine sogar vorzeitig erfüllt, und im September 1881 konnte der König im Rohbau des Haupttraktes bereits Große Galerie und Paradeschlafzimmer besichtigen. Der König war mit der Leistung Dollmanns so zufrieden, daß er ihn zum Hofoberbaudirektor ernannte und ihm das Komturkreuz des Verdienstordens vom hl. Michael verlieh. Dollmann bedankt sich überschwenglich: »An einer altehrwürdigen zauberisch gelegenen Culturstätte des Bayerlandes nach den erhabenen Gedanken Eurer Kgl. Majestät ein Bauwerk ausführen zu dürfen, in dem die höchste Cultur, der vollendetste Geschmack, der blendendste Glanz der Regierungszeit eines der größten

178 Der eingerüstete Haupttrakt von Herrenchiemsee, Photographie um 1880.

Monarchen zum Ausdruck kommen, das war dem allerehrerbietigst Unterzeichneten eine beneidenswert schöne, enthusiastisch begeisternde Aufgabe.«[208]

Nach der Vorstellung des Königs sollte das neue Schloß Versailles in seiner ganzen Größe darstellen, während das ursprüngliche ›Meicost-Ettal‹ in Linderhof zunächst nur einen kurzen Trakt vorsah. Ludwig will also nicht nur einen bestimmten Stil kopieren, sondern ein bestimmtes Gebäude. Er beabsichtigt eine Kopie in derart gewaltigen Ausmaßen, wie sie selbst im kopiefreudigen 19. Jahrhundert ohne Parallele ist, ein einzigartiger Versuch, an dem sich beispielhaft alle Möglichkeiten der Architekturkopie ablesen lassen – auch die ihr im Gegensatz zu der vielfach angewendeten Plastik- und Malereikopie gesetzten Grenzen. Denn das Vorbild der Kopie muß als einheitliches Ganzes verstanden werden, obwohl das uneinheitliche Bild des von Ludwig XIII. als kleines Jagdschloß begonnenen, von Ludwig XIV. in mehreren Etappen ausgebauten und bis ins 19. Jahrhundert hinein immer wieder veränderten Versailles mit dem Bild Ludwigs II. von einem Versailles Ludwigs XIV. und Ludwigs XV. oft nur schwer in Einklang zu bringen ist. Dies zwingt zu eigenen Schöpfungen »im Geiste des Styles«, der jedoch selbst in den wenigen scheinbar getreu

179 Aufriß der Gartenfassade von »Meicost-Ettal« 1868/69, sechstes von dreizehn, zwischen 1868 und 1873 entstandenes Projekt Georg Dollmanns für ein Schloß nach dem Vorbild von Versailles.

180 Aufriß der Hauptfassade von Herrenchiemsee, Georg Dollmann 1879, in den Details der Ausführung entsprechend. Das Projekt, zu dem bereits 1878 der Grundstein gelegt worden war, hat im Gegensatz zu den früheren, noch für Linderhof bestimmten Projekten (Abb. 179) jetzt die Ausmaße seines Versailler Vorbilds erreicht.

kopierten Partien nie den Geist des 19. Jahrhunderts verleugnet. Der König, nach dessen Angaben auf einem Grundriß die in Versailles zu vermessenden Räume eingetragen wurden, gab sich dabei nicht mit alten Stichvorlagen und den neuen Aufnahmen des nach Versailles entsandten Hofphotographen Albert zufrieden. Er verlangte zusätzliche Quellenforschung in der gesamten verfügbaren älteren Literatur: »Da viele von den Gemächern in Versailles gegenwärtig lange nicht mehr so erhalten sind, wie dieses zur Zeit Ludwig XIV und XV der Fall war, namentlich unter Napeoleon die innere Ausschmückung vieler Zimmer, Plafonds etc. geändert wurde, so möchten Herr Hofrath nach alten Büchern eine Beschreibung sämtlicher Zimmer anfertigen lassen.«[209] Das oft mühsam festgestellte historische Vorbild wird jedoch dann in der Ausführung im allgemeinen nur Ausgangspunkt einer sich nach eigenen Gesetzen entwickelnden Planung. Der Gesamtgrundriß nähert sich zunächst dem Versailler Vorbild immer mehr, reguliert ihn aber gleichzeitig im Sinne des 19. Jahrhunderts in strenger Symmetrie. Zum Teil wird er noch während des Baus wieder verändert. Für den Außenbau kann der König von Dollmann eine genaue Kopie der berühmten Versailler Gartenfassade verlangen, während die auf das Schloß Ludwigs XIII. zurückgehende Hoffassade, die schon die Architekten Ludwigs XIV. als störend empfanden, abgelehnt wird: »S. M. sind erstaunt, daß Sie gefragt haben, wie die Facade vom Marmorhof werden soll. S. M. wollen die Zeichnung vorgelegt bekommen, die Facade muß im Style Ludwig XIV, nicht im Style Ludwig XIII werden.«[210] Auch der mit dem Begriff Versailles untrennbar verbundene Park soll nicht einfach nach den bestehenden Anlagen kopiert werden, sondern in seinem ursprünglichen Glanz wiedererstehen. Hofgartendirektor Effner läßt der König mitteilen, »der Garten in Versailles sei für den Garten zu Chiemsee nicht mehr maßgebend, denn es sei nichts mehr in demselben, die schöneren Sachen seien schon lange herausgenommen worden.«[211] Die nach Effners Plänen geschaffene, aber unvollendet gebliebene Gartenanlage erhält dann ihren besonderen Reiz durch die einzigartige Insellage mit dem in den See mündenden großen Kanal.

181 Christian Jank 1882, Entwurf zum Ballett ›Amor und Psyche‹, mit dem Versailler Neptun-Bassin.

Wie Neuschwanstein ohne den Hintergrund der berühmten Münchner Wagner-Aufführungen kaum denkbar wäre, stand auch das neue »Versailles« zuerst einmal auf der Bühne des Hoftheaters. 1873 – im gleichen Jahr, in dem er die Herreninsel in Chiemsee erwarb, wo dann nach jahrelangen Vorbereitungen schließlich am 31. Mai 1878 der Grundstein des ursprünglich bei Linderhof geplanten Neuen Schlosses Herrenchiemsee gelegt wurde – befahl der König, die Bühnenbilder zu dem von Ludwig Schneegans für die Separatvorstellungen geschriebenen Stück ›Der Weg zum Frieden‹ vorzubereiten. Bei der Premiere am 6. Mai 1874 ließ er sich nach dem ersten Akt den vor dem Hintergrund des Schlosses mit echtem Wasser (!) betriebenen Latonabrunnen noch einmal in verschiedenen Beleuchtungen vorführen. Vorbild für die Dekoration war ein Gemälde Christian Janks in Linderhof: »Im I. Act stellt die Decoration ›Versailles‹ vor, das Schloß in Mondscheinbeleuchtung von der Terrasse aus gesehen. Der Brunnen der Latona muß ebenfalls noch da sein, und soll derselbe in Thätigkeit sein, wirkliches Wasser muß aus demselben fließen. Das Bogen-

182

183

bild im Linderhofe von Jank soll als Vorlage benützt werden.«[212] Erst ein Jahrzehnt später konnte er das gleiche Schauspiel vor dem Hintergrund des äußerlich der Versailler Gartenfront genau entsprechenden Neuen Schlosses erleben: die nach dem Tod des Königs leider trocken gelegten, in den letzten Jahren zum Teil wiederhergestellten Wasserspiele von Herrenchiemsee. Zuvor hatte er Schloß und Park von Versailles u.a. auch in zwei von August Fresenius für die Separatvorstellungen entworfenen Balletten, ›Ein Hoffest Ludwigs XIV‹ (Premiere 12. November 1881) und ›Amor und Psyche‹ (Premiere 5. Mai 1882) darstellen lassen. Für das zweite Ballett verlangte der König nach einem Entwurf Janks das Versailler Bassin des Neptun auf der Bühne: »Anfangs müsse der Neptun allein vorkommen ..., später in bengalischer Beleuchtung den Fluten entsteigend, auf einem prachtvollen, von vier Rossen gezogenen Wagen.«[213] Daß der König dann auch das gebaute Schloß als eine Art Bühnenbild, als ›Kulisse‹ empfand, beweist sein Befehl, in den Fenstern des gerade erst im Rohbau fertiggestellten nördlichen Seitenflügels von Herrenchiemsee historisch bedeutende Persönlichkeiten vom Hof Ludwigs XIV. »in getreu nachgemachten Kostümen porträtähnlich« herausschauen zu lassen.[214]

Im September 1884 waren dann die Arbeiten soweit fortgeschritten, daß der König bei Karl Lautenschläger, dem Maschinisten des Münchner Hoftheaters, und bei Alois Zettler, einem Pionier der Elektrotechnik, eine allgemeine ›Illumination‹ der Insel bestellen konnte – wahrscheinlich das erste mit elektrischer Beleuchtung zelebrierte ›son et lumière‹ der Welt – womit im Grunde, wie auch im Fall der Linderhofer Grotte, wieder Bühnenbild-Effekte in die ›freie Natur‹ übertragen wurden. Wo die Anpflanzungen des Hofgärtners, dessen Aufgabe es auch war, die in eigenen Güterwagen aus Holland importierten riesigen Blumenarrangements an-

182 Die provisorischen Heckenkulissen in der Hauptachse des Parks von Herrenchiemsee, Illustration in der ›Gartenlaube‹ 1886.

183 Ludwig II. um 1881, Photographie von Joseph Albert.

184 Angelo II Quaglio 1878, Salon de l'Œil de Bœuf in Versailles, Entwurf für die Separatvorstellung von Karl von Heigl ›Die Aufführung der Esther in St. Cyr‹, 1878.

185 Das Schlafzimmer Ludwigs XIV. in Versailles als Bühnenbild, Modell von Angelo II Quaglio für ›Das Alter eines großen Königs‹ von Lockroy und Arnould 1873.

184

185

zuordnen, noch nicht weit genug gediehen waren, wurden einfach Kulissen aufgestellt, die am Rand des großen Kanals noch auf einer zeitgenössischen Illustration[215] zu sehen sind. Im gleichen Zusammenhang wurde wohl auch die große Allee durch auf Flößen verankerte Attrappen auf Wunsch des Königs einen halben Kilometer in den See hinaus verlängert.[216] Trotz größter technischer Schwierigkeiten gelang es Lautenschläger und Zettler auf der Insel ein von drei Dampfmaschinen betriebenes elektrisches Leitungsnetz aufzubauen, das die an Stangen und Gerüsten installierten Batterien von Farbscheinwerfern betrieb, die zur besseren Verständigung der Beleuchter untereinander sogar durch ein Telefonnetz verbunden waren. Der König zeigte sich mit dem von Mitternacht bis 2 Uhr morgens dauernden Vorstellungen höchst befriedigt und ernannte Zettler zum »Ersten Hofilluminator«[217]

Zur Ausstattung der Separatvorstellungen wurden außer dem Park auch immer wieder verschiedene Innenräume von Versailles benötigt, darunter Spiegelgalerie, Paradeschlafzimmer, Beratungszimmer und Salon de l'Œil de Bœuf, wie ihn ein Entwurf Angelo II Quaglios für Karl von Heigels ›Die Aufführung der Esther in St. Cyr‹ (Premiere 9. November 1878) zeigt. Schon für die Bühnenbilder mußte wie später für die Planung des Schlosses Quellenforschung in der älteren Literatur getrieben werden, alle verfügbaren Stichvorlagen gesammelt und auch Münchner Maler samt dem Hofphotographen nach Versailles geschickt werden, um alles an Ort und Stelle aufzunehmen,[218] wobei auch der in Versailles selbst unter Umständen nicht mehr vorhandene ›ursprüngliche Zustand‹ festzustellen war. So wurden u.a. in Vorbereitung des Lustspiels ›Trianon‹ von J.F. Bayard und L. Picard (Premiere 4. November 1876) verschiedene Ansichten von Christian Jank in Versailles angefertigt: »Um die Theaterdekoration, welche eine Landschaft des Parkes in Klein-Trianon vorstellen soll, recht getreu wiederzugeben, muß jedenfalls ein sehr geschickter Maler dorthin reisen, um einige Theile des Gartens aufzunehmen. Seine Majestät halten die Mitte des Monats Juni am Geeignetsten für diesen Auftrag, weil Bäume und Blumen dann im schönsten Schmucke prangen.«[219]

Die beiden wichtigsten Räume, Paradeschlafzimmer und Spiegelgalerie, ließ der König ebenfalls zuerst auf der Bühne realisieren, für das Drama ›Das Alter eines großen Königs‹ von Lockroy und Arnould (Premiere 7. November 1873). Das in einem Modell Angelo II Quaglios erhaltene Bühnenbild des Paradeschlafzimmers hält sich genau an das Versailler Vorbild. Das Modell wurde vom König gleichzeitig mit einem nicht mehr erhaltenen Modell der Versailler Galerie bestellt und hatte sich selbst in Details der Ausstattung an Stichvorlagen zu halten: »Das Modell für die Decoration der großen Galerie ... auch das für das Schlafzimmer Ludwigs XIV sollen sehr fein durchgeführt werden, weil Seine Majestät Allerhöchst sich aufzuheben gedenken. Bei letzterer Dekoration ist noch zu bemerken, daß das Bett nur auf einer Stufe stehen darf, und daß die auf dem Kamine stehende Uhr genau wie auf dem Kupferstiche angegeben, gefertigt werden soll.«[220] Der König überwachte gerade die Ausführung dieser Dekoration mit besonderer Sorgfalt und verlangte später noch zusätzliche Korrekturen nach Photographien: »Die Balustrade sei so theatralisch ausgefallen, ebenso auch der Fauteuil, die Lehne des letzteren ist so hoch und schmal, auch nicht schön vergoldet. Die Figur ›Frankreich‹ ist auch nicht schön ausgefallen. Dieselbe soll neu gemacht und künstlerisch durchgeführt werden. Die in Paris anwesenden Photographen sollen das Schlafzimmer Ludwig XIV so aufnehmen, daß man diese Figur vollständig sieht, auch das Schlafzimmer Ludwig XV sollen dieselben photographieren.«[221]

Ein »Schlafzimmer von Meicost-Ettal« hatte der Maler Julius Lange bereits 1870 entworfen.[222] Der König verlangt zum Vergleich die Maße seines Schlafzimmers in München, der Schlafzimmer in den ›Reichen Zimmern‹ und in Schleißheim, des damals noch nicht vollendeten Schlafzimmers in Linderhof sowie der Schlafzimmer Ludwigs XIV. und Ludwigs XV.[223] Von dem ersten Entwurf eines kleinen, zu einem einzigen Flügel zusammengezogenen Versailles, bis zum dreiflügeligen Projekt, bleibt die ›Chambre de Parade‹ unverändert auf der Ostseite in der auch für Versailles charakteristischen Verbindung mit der Spiegelgalerie auf der Westseite. Beide zusammen bilden die Mittelachse, die sich über die Ost-Westachse des Gartens bis in den Kanal fortsetzt. Dieser durch das ›Lever‹ und ›Coucher‹ im Hofzeremoniell des absoluten Königtums als Allerheiligstes ausgezeichnete Ort kann hier nicht mehr wie in Linderhof als Schlafzimmer Ludwigs II. dienen – er bleibt Schlafzimmer Ludwigs XIV., und als solches erscheint der Raum dem spätgeborenen Bayernkönig gleichsam als ein »Menetekel für das Unerfüllte seines eigenen Königtums.«[224] Deshalb mußte Schwoiser die Gesichtszüge Ludwigs II., die er dem Apoll des Deckenbildes verliehen hatte, durch die Gesichtszüge Ludwigs XIV. ersetzen;

187 Franz Seitz, Vorentwurf zum Prunkbett des Paradeschlafzimmers, 1873, Seitenansicht.

186 Julius Lange, Vorentwurf für das Paradeschlafzimmer von Herrenchiemsee, 1870. Die Bettnische mit ihrer rot-goldenen Bespannung ist bereits gegenüber dem Versailler Vorbild (Abb. 185) bereichert.

188 Franz Widnmann, Entwurf für die Schreibmappe des Arbeitszimmers, 1882.

189 Entwurf für ein Schlüsselschild mit Türknopf zum Paradeschlafzimmer. Der von dem leitenden Architekten Georg Dollmann im Januar 1880 gezeichnete Entwurf ist nur einer von unzähligen, bis ins kleinste Detail gehenden Ausführungsplänen für Herrenchiemsee, die in einzigartiger Vollständigkeit erhalten geblieben sind.

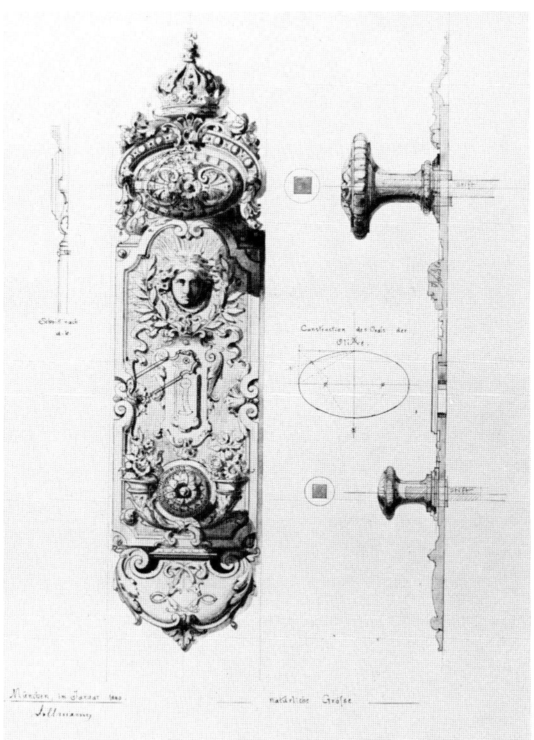

deshalb mußten auf Befehl des Königs die bereits ausgeführten Löwen mit dem bayerischen Wappen an den Pfeilern der den Bettraum abgrenzenden Balustrade in Kartuschen mit den Initialen ›LL‹ geändert werden: »Alles was Bayrisch ist müsse in Chiemsee entfernt werden. So die Löwen an der Balustrade. Im großen Berathungsaal seien im Teppich bayer. Rauten. Diese müßten dadurch entfernt werden, daß ein Stück eingesetzt werde. Dieß (Löwen, Wappen, Rauten pp.) passe recht gut für die neue Burg aber durchaus nicht an den Chiemsee.«[225] Dabei ist das Paradeschlafzimmer alles andere als eine Kopie der wesentlich bescheideneren ›Chambre de Parade‹ in Versailles. Von den älteren noch von Franz Seitz stammenden Entwürfen bis zur endgültigen von Julius Hofmann ausgearbeiteten Fassung steigern sich die Wünsche des Königs nach einer prunkvollen Ausstattung (Kosten mehr als 384000 Gulden), die selbst im späteren 19. Jahrhundert ohne Beispiel ist. Die kostbaren Textilien des Paradeschlafzimmers wurden schon 1875 in Auftrag gegeben – drei Jahre vor der Grundsteinlegung des Schlosses. Allein an den Vorhängen des Prunkbettes arbeiteten die Münchner Ateliers Jörres und Bornhauser sieben Jahre lang. Mit den in farbiger Nadelmalerei ausgeführten Motiven aus dem Mythos von Venus und Amor wird hier das Thema des Versailler Bettes aufgegriffen, so daß die für den König angefertigte Beschreibung des Bettes schließlich behaupten kann: »Das neue Prachtbett ist im großen und ganzen eine wundervolle Kopie des Versailler, ohne deshalb eine sklavische Nachahmung desselben zu sein.«[226]

Wie der Sängersaal mit Neuschwanstein waren mit der Planung von Herrenchiemsee von Anfang an Paradezimmer und Spiegelgalerie verbunden, die beiden Räume, um derentwillen das neue Versailles entstehen mußte. Ludwigs kritische Bemerkungen zur Spiegelgalerie in Christian Janks Bühnenbild für ›Das Alter eines großen Königs‹ von 1873, von dem er sich eigens eine Photographie machen ließ, sind auch für die spätere Planung der Galerie von Herrenchiemsee aufschlußreich: »Seine Majestät sind im Allgemeinen mit der Photographie der Dekoration sehr zufrieden, jedoch sieht man auf der rechten Seite, durch die vielen Kandelaber, die Spiegel fast gar nicht, und auf der linken nur die Bögen, von den Fenstern sey nichts zu sehen. S. Majestät haben … schon bestimmt, daß der Garten von den Fenstern aus bemerkbar sein soll, im Hintergrund sieht bei der Glasthüre man grünes, was in Versailles nicht der Fall sein wird, es darf dieses nicht erfunden sein und müsse Alles wie in Versailles dargestellt sein.«[227] Hofrat Bürkel erhielt später die allerhöchste Genehmigung, die betreffende Separatvorstellung zu besuchen mit dem Bemerken, »er solle dabei recht an die Vollendung der großen Galerie denken.«[228]

Während es ihm auf der Bühne nur auf die vollendete Illusion ankam, verlangte der König für Herrenchiemsee eine maßstabgetreue Kopie einschließlich der dazugehörigen Eckräume, Friedenssaal und Kriegssaal, und er tadelt anläßlich einer in der Gesamtlänge nur um 8 Fuß differierenden Maßangabe, Dollmann solle sich ja »keine eigene Willkürlichkeit zuschulden kommen lassen.«[229] Um die Galerie entsprechend den zeitgenössischen Beschreibungen und Stichen wieder in die Zeit ihres höchsten Glanzes zurückzuversetzen, sah der 1879 aufgestellte Möblierungsplan

190

47 Banketts vor, 12 Tabourets, 52 Kandelaber – die mit den 33 Lüstern den Raum im Licht von 2188 Kerzen erstrahlen lassen –, 8 Kübel für Orangenbäume, außerdem 4 Vasen und 16 Imperatorenbüsten, die wie die großen Marmorstatuen in den Nischen nach antiken Vorbildern zu kopieren waren. Die Decke, eine Kopie ungeheuren Ausmaßes, konnte nur von einer ganzen Gruppe von »gewissenhaften Malern«[230] bewältigt werden, die 1879 alle nach Versailles geschickt wurden, wohin Dollmann bereits 1875 Schwoiser mitgenommen hatte, der »den Charakter der dortigen Malerei fest in sich aufnehmen sollte.«[231] Als der König die vollendete Galerie Ende September 1881 besichtigt hatte, mußte er später anhand der Kupferstiche feststellen, daß zwei Bilder vertauscht worden waren: »Da nun aber bei zwei von den Bildern eine Verwechslung vorkam, so nehmen S. M. an, daß es bei mehreren der Fall sei, dies wäre S. M. etwas schreckliches und könnten Allerhöchstdieselbe nie verzeihen.«[232] Auch mit den Farben des Spiegelsaals zeigte sich der König nicht ganz zufrieden. Da er meist die Nacht zum Tage machte, erlebte er seine Räume im allgemeinen in nächtlicher Beleuchtung und liebte überraschende Beleuchtungseffekte wie auf dem Theater. Vor allem in seiner Lieblingsfarbe Blau, die ihm die Mutter schon als Kind zugeteilt hatte (Rot war die Farbe seines Bruders Otto), aber auch in Rot und Grün forderte er kräftige, leuchtende Töne, während er Gelb im allgemeinen überhaupt ablehnte. »Das Colorit in der großen Galerie, im Saal des Krieges und des Friedens sei viel zu blass«, heißt es in dem Bericht an Ministerialrat Ludwig von Bürkel, »Seine Majestät hätten

191

schon im Voraus gesagt, daß Allerhöchstdieselbe die hellen Töne nicht ausstehen könne. Es soll nun sogleich geändert werden ... Ebenso sei das Gold in der großen Galerie zu hell, zu gelb Gold, was ebenfalls sehr störend ist und gleichfalls geändert werden muß. Es soll mehr roth Gold sein.«[233] Spätere Einwände Dollmanns gegen weitere nur noch schwer zu erfüllende Änderungswünsche ließ Ludwig nicht gelten: »Mache es Herr Oberhofbaudirektor wie er wolle. Er sei Schuld daß es so gebaut ist, es müsse genauso werden, wie S. M. es haben wollen. Was in Versailles plastisch ist, müsse es auch da sein und was dort gemalt, müsse auch da und zwar ganz fein gemalt sein.«[234]

Zur Spiegelgalerie kamen bis 1883 unter Dollmann, der sich vor allem des Malers Franz Widnmann als Entwurfszeichner bediente, die übrigen Paradezimmer, deren Auftakt das Treppenhaus des Südflügels bildet, eine Kopie nach der seit 1671 von François d'Orbay errichteten ›Escalier des Ambassadeurs‹, die in Versailles schon 1752 dem Einbau des Appartements für Ludwig XV. zum Opfer fiel. Diese ›Rekonstruktion‹ nach zeitgenössischen Stichen wird jedoch durch das moderne Glasdach, das die lebhaften Farben des Marmors und das Weiß des Stucks in gleichmäßig grelles Licht taucht, zu einem typischen Werk des 19. Jahrhunderts. Es paßt zu den Gemälden im Stil der Makart-Zeit, daß das Treppenhaus während der Anwesenheit des Königs durch Tausende von Blumen in einen Lilien- und Rosenhang verwandelt wurde.

Zum Befehl, neben dem großen Appartement im Stil Louis XIV ein kleines Appartement im Stil Louis XV einzurichten, wird Ministerialrat Bürkel mitgeteilt, »die letzteren seien oft besonders schwer herzustellen. Daß dieselben ganz treu im Style des achtzehnten Jahrhunderts werden, läßt Seine Majestät Ihnen sehr an's Herz legen. Sie möchten einen ganz verlässigen Menschen aussuchen und denselben nach Paris schicken, daß derjenige im Louvre alles genau ansieht. In Paris existiert eine Art von

192

193

190 Die Spiegelgalerie von Versailles als Bühnenbild, Photographie von Joseph Albert nach einem Entwurf Christian Janks für ›Das Alter eines großen Königs‹ von Lockroy und Arnould, 1873.

191 Franz Brochier, Entwurf einer Vase für die Spiegelgalerie, 1878.

192 Julius Hofmann, Entwurf für die Räucherständer im Schlafzimmer des Kleinen Appartements, 1883.

193 Franz Brochier 1883, Entwurf für das Tintenzeug zum Rollschreibtisch des Arbeitszimmers (Taf. 51). Das Medaillon Ludwigs XV. ist von Apoll und Minerva, Ruhmesgenien und Putten umgeben.

Museum von einem Herrn v. Double, der von dieser Art viel zu sehen hat, auch in London sei eine solche Sammlung von einem Lord Hertford, der auch viele Sachen besitzt aus dem 18. Jahrhundert. Das Schönste von diesen beiden Sammlungen soll der betreffende aufschreiben ... damit das Schönste danach angefertigt werden kann.«[235] Trotzdem steht das kleine Appartement, wenn man von Einzelstücken wie der Kopie nach dem berühmten Rollschreibtisch Ludwigs XV. im Louvre absieht, ganz in der Tradition des für Ludwig II. in Linderhof entwickelten Rokokos und hat mit dem entsprechenden Appartement Ludwigs XV. im Obergeschoß des Nordflügels von Versailles wenig gemein. Nur gelegentlich finden sich Anklänge an deutsche und französische Schloßbauten des 18. Jahrhunderts, wie den ovalen Salon des Pariser Hôtel de Soubise, von dem das ovale Speisezimmer auch das Thema der Wandgemälde übernommen hat. Als Nachfolger Dollmanns, der in Ungnade gefallen war, weil er seine Termine nicht mehr einhalten konnte, hatte seit 1884 der schon vorher in Chiemsee tätige Julius Hofmann die Bauleitung übernommen. Sein Mitarbeiter Eugen Drollinger entwarf die originellsten Räume des Appartements, das Porzellankabinett, den Hellblauen Salon und den im Erdgeschoß neben dem Bad gelegenen Rosa Salon, deren Spiegel die mit Blumengehängen und metallisch irisierenden Vögeln durchsetzten Schnitzereien in eine unendliche Folge von Laubengängen verwandeln. Das im Gegensatz zum roten Paradeschlafzimmer Ludwig II. vorbehaltene kleine Schlafzimmer ist, wie die Schlafzimmer von Neuschwanstein und Linderhof, in der Lieblingsfarbe des Königs gehalten. Otto Stoeger, der Illuminator der Blauen Grotte von Linderhof, experimentierte eineinhalb Jahre, bis der König mit der Beleuchtung zufrieden war: Eine blaue Kugel, die den Raum in gleichmäßig blaues Licht tauchen sollte.

195 Franz Widnmann, Entwurf zum Nachtlichtständer des Schlafzimmers mit blauer Kugel, 1884.

194 Franz Paul Stulberger und Franz Widnmann, Aufriß der Bettnische des Schlafzimmers im Kleinen Appartement, 1884.

Über die Experimente zur Beleuchtung des königlichen Schlafzimmers von Herrenchiemsee berichtet Luise von Kobell: »Zur Beleuchtung dieses Raumes sollten blaue Lichtstrahlen, wie in der Grotte am Linderhof, ihren milden Schein spenden; mit Anfertigung eines zweckmäßigen Apparates wurde der Illuminator der blauen Grotte, Otto Stöger, beauftragt.
Nichts schien einfacher. An einem über $1\,^{1}/_{2}$ Meter hohen, kunstreich geschnitzten Holzständer ward eine Hohlkugel aus blauem Glas angebracht, eine dicke Wachskerze hinein gesteckt, und die Nachtlampe war fertig. Tags darauf äußerte der König seine Unzufriedenheit über die Leistung. Das Licht sei nicht blau, sondern schimmere blendend weiß durch das vermeintlich blaue Glas. Selbstversuche überzeugten Stöger von der Richtigkeit des Einwandes. Nun ging es ans Experimentieren, Korrigieren, Probieren. Eine dickere Glaskugel, eine dünnerere Wachskerze, ein dunkleres Blau, alles Mögliche wurde angewandt, aber stets kam entweder weißes Licht oder gar kein Licht zum Vorschein. ›An der Kugel werd' ich noch verzweifeln‹, tobte Stöger, so oft ihm ein Lakai wieder die Unzulänglichkeit seiner physikalischen Manöver meldete.
Zu verzweifeln brauche er nicht, ließ ihm der König sagen, er sei ein alter Praktiker und werde es schon noch fertig bringen. Sofort ging es wieder an die Arbeit, und endlich, nach $1\,^{1}/_{2}$ Jahren erfüllte sich die königliche Prophezeihung. Eine Glaskugel, deren Wandung gegen ihren Äquator an Dicke stetig zunahm, war nicht aufzutreiben, und so griff der unermüdliche Stöger in seinen Malerberuf hinüber, nahm das in der blauen Grotte am Linderhof mit Erfolg gekrönte Anilinblau hervor, träufelte es in immer dichteren Schichten über die Kugel und fixierte die Tinten mit Siccativ. Das Ei des Kolumbus war diesmal gefunden, der König war zufrieden, ein gleichmäßig intensives Blau ergoß sich über das königliche Schlafzimmer.«

196 Ludwig II. um 1883,
Photographie von Joseph Albert.

197 Dianagruppe von Philipp Perron auf dem Marmorbrunnen des Zwischenpodests der Prunktreppe (Taf. 41).
Photographie gegen 1900 (Coll. Hanfstaengl).

198 Hartschiersaal. Der in Stuckmarmor verkleidete Raum, mit den aufgestellten Hellebarden der Hartschiere, soll an die Versailler ›Salle des Gardes‹ erinnern, dazu Gemälde mit Feldzügen Ludwigs XIV., als Deckenbild ›Triumph des Mars‹ von Franz Widnmann 1882.

199 Erstes Vorzimmer. In die geschnitzten, weiß mit Gold gehaltenen Vertäfelungen sind Gemälde mit Feldzügen und Szenen aus dem Leben am Hof Ludwigs XIV. eingelassen, darüber als Deckenbild ›Triumph des Bacchus und der Ceres‹ von Wilhelm Hauschild. Der in Boulle-Technik mit Schildpatt furnierte Prunkschrank war für Musikinstrumente bestimmt.

198-203 Herrenchiemsee gegen 1900, Photographien des Münchner Verlags Franz Hanfstaengl (Collection Hanfstaengl).

200 Schlafzimmer des Kleinen Appartements (Ausschnitt, vgl. dazu Taf. 50). Der von Julius Hofmann und Eugen Drollinger entworfene Waschtisch wurde von Philipp Perron ausgeführt, die Waschgarnitur in Meißener Porzellan entworfen von Franz Brochier.

201 Kabinett im Stil Louis XVI. neben dem Schlafzimmer des Kleinen Appartements, entworfen 1883 von Franz Paul Stulberger. Das kleine Boudoir war von Ludwig II. als eine Art Erinnerungsstätte für Marie Antoinette mit der Marmorbüste der Königin gedacht.

Ein Besuch in Herrenchiemsee

Prinz Ludwig Ferdinand von Bayern, ein Vetter des Königs, und seine Gemahlin Maria de la Paz, die zu den wenigen Verwandten gehörten, die dem König sympathisch waren (vgl. den Bericht über den Besuch von Maria de la Paz im Wintergarten S. 164) erhielten 1883 vom König die Erlaubnis, die neuen Säle in Herrenchiemsee zu besichtigen, – sie waren also, nach dem König, wohl überhaupt die ersten Besucher in dem inzwischen von Millionen von Touristen besuchten Schloß. Der bisher unbekannte Bericht über ihren Besuch in einem Brief von Hofsekretär Bürkel an Ludwig II. vom 27. September 1883 ist der älteste Reisebericht über Schloß Herrenchiemsee:

Bürkel an Ludwig II.

München, 27. September 1883.

»... Der Eindruck, welchen die Königlichen Hoheiten beim Betreten der vollendeten Prachtsäle erhielten, schien ein überwältigender zu sein. Schon am Sonntag Abend konnten Ihre Königlichen Hoh. Höchstihre Sehnsucht nicht mehr unterdrücken und besuchten um 1/2 9 Uhr das beleuchtete Schloß. Bei dieser 2 1/2 Stunden währenden Besichtigung rief Ihre Königl. H. die Frau Prinzessin Ludwig Ferdinand unaufhörlich: ›O wie ist das schön, wie prächtig, wie erhebend.‹
Seine K. H. Prinz Ludw. Ferd. geruhten zu bemerken, daß Höchstihr hiegegen das Schloß in Versailles wie eine halbe Ruine mit verblichenem Glanze, mit von Rauch und Staub geschwängerten Gemälden, vorkomme ...
Den nächsten Tag wurde schon morgens um 10 Uhr nach einer Rundfahrt auf der Peripherie-Straße der Insel ein Besuch des Schlosses bei Tageslicht vorgenommen und der Eindruck durch die herrlichen Farbenwirkungen der Gemälde und der Stoffe noch verstärkt.
Bei dem wiederholten Besuche am Abend wurde mit dem Detailstudium begonnen und

in jedem einzelnen Sale längere Zeit verweilt.
An der Hand der Beschreibung des Prachtschlosses sowie des Werkes von Dussieux wurden alle Details auf das Eingehendste besichtigt und mit hellloderndER Freude die Uebereinstimung mit jenem Wunder der Zeit Ludwig XIV. verglichen.
Mit besonderem Interesse wurden jene Bilder betrachtet, welche den Herzog v. Burgund und die Deklaration Philipps zum König v. Spanien darstellten.
Es ist schwer zu sagen, welches der Prachtstücke die Höchsten Herrschaften am meisten in Entzücken versetzten.«

»Von dem Garden- und den beiden Vorsälen abgesehen, entlockte die Großartigkeit der Galerie mit den Ecksälen die wahrhaftesten Ausrufe entzückten Erstaunens. Kaum glaubte das von dem Wiederstrahl der wie Brillanten glitzernden Krystalle geblendete und gesättigte Auge, daß eine Erhöhung des Schaugenußes nicht mehr eintreten könne, da strahlte das sanfte Blau mit den reichen Stickereien des Chambre de Conseil in milder, aber vielleicht ebenso eindrucksvoller Weise den eintretenden Höchsten Herrschaften entgegen und entzückte Höchstsie durch den Reiz der Farbe und die Schönheit der minderstrengen, den Uebergang zu der minderstrengen, herrlich-lebenslustigen Rococo bildenden Architektur.
Von da wurde das Chambre de Parade beschritten, welchem, in ein Lichtmeer getaucht, der höchste Preis zuerkannt wurde.
Hierauf wurde die Rückkehr in der gleichen Ordnung angetreten.
Diese Besuche wurden am Dienstag in der gleichen Weise wiederholt und als Seine K. H. P. Lu. Ferd. ... bedauernd aussprachen, daß man so schnelle all' diese Schönheit nicht in sich aufnehmen könne, war der allerehrfurchtsvollst u. so glücklich, mit Allerhöchster Ermächtigung die Versicherung geben zu können, daß Eure Maj. die Zugabe eines vierten Tages Allergnädigst zu gestatten geruhen.
Deßhalb verweilten die Höchsten Herrschaften auch noch am Mittwoch in den Allerhöchsten Prachträumen und besichtigten von der Altane der großen Galerie aus die riesenhaften Spaliere, welche dicht mit Grün bedeckt, eine feste, das Auge bannende Perspektive gegen die Einmündung des Kanales in den sonst unsichtbaren See gewährte.«

»Das großartige Wasserparterre mit den in hellstem Golde strahlenden Flußgöttern und Kindergruppen, sowie die beiden Eckkabinette wurden besichtigt und sodan mit dem grandiosen Latonen-Bassin mit seinen unzähligen, von Gold funkelnden Thier- und Menschen-Figuren bewundert ...«

200

201

202

203

Kurz nachdem der König vom 7. bis 16. September 1885 zum ersten und einzigen Mal das kleine Appartement bewohnt hatte, mußten die Arbeiten gänzlich eingestellt werden. Schon zehn Jahre zuvor hatte Hofrat Düfflipp in seinem Bericht über die Finanzlage an den König auf die drohende Zahlungsunfähigkeit der Kabinettskasse hingewiesen und in einem »Angstruf seines Herzens« den König angefleht, mit neuen Bauunternehmungen zu warten[236]. Jetzt war die längst erwartete Katastrophe eingetreten und der verzweifelte Architekt Hofmann schreibt am 23. September 1885: »Ich stehe ganz verlassen da, die kgl. Cabinetts-Cassa gibt mir gar kein Geld und das kgl. Hof-Sekretariat kann mir gar keine Ausgaben bewilligen. Es thut einem das Herz wehe, wenn man so gut organisierte Werkstätten mit den tüchtigsten Arbeitern, welche man jahrelang gesammelt, sieht, und sich denken soll, dieß alles, was so viel Mühe gekostet hat, soll nicht mehr erhalten bleiben ... Sich berufen zu fühlen, die großartigsten und idealsten Werke der Gegenwart zu errichten, begeistert zu doppelter Willens- und Thatkraft, muß man vor solch unüberwindlichen Schwierigkeiten, von keiner Seite angehört, der wahnsinnigen Verzweiflung verfallen ...«[237] Trotzdem ist Herrenchiemsee kein »unvollendeter Traum« geblieben. Ludwigs Vorstellung von Versailles umfaßt ja nur bestimmte Raumgruppen, die, abgesehen von der in der Planung vorgesehenen Kapelle, fast alle vollendet werden konnten, eingebettet in ungeheure Höhlen aus Rohmauerwerk – auch der 1907 wieder abgebrochene nördliche Seitentrakt war schon im Rohbau vorhanden –, die in der Vision des Königs keine Rolle spielten und daher in der Planung der Architekten offen gelassen wurden. Ludwig beklagte sich bei seinem ersten Besuch 1881 über das rohe Mauerwerk, das man in den an das Schlafzimmer anschließenden Räumen wenigstens provisorisch hätte verkleiden sollen. Dem heutigen Besucher dagegen, der aus dem Prunk der Schauräume in das unvollendete nördliche Treppenhaus kommt, erscheint das Rohmauerwerk so reizvoll wie dem Zuschauer, der zum erstenmal die Welt hinter den Kulissen betritt.

202 An der Gartenfront von Herrenchiemsee ist links noch der 1907 wieder abgerissene nördliche Seitentrakt zu erkennen. Der Latonabrunnen (nach dem Versailler Vorbild von Johann Hautmann 1883) mit der Figur der Latona in weißem Marmor, den in Frösche verwandelten Bauern samt Schildkröten und Lurchen in Bleiguß, wurde wie der Fama-Brunnen und der Fortuna-Brunnen im Hintergrund schon bald nach dem Tod des Königs trocken gelegt.

203 Fama-Brunnen von Rudolf Maison mit einer überlebensgroßen Figurengruppe in Bleiguß: die geflügelte Figur der Fama, des Ruhmes, auf dem Pegasus.

204 Ludwig II. 1881.

Schloß Herrenchiemsee Tafel 40-59

40 Schloß und Park Herrenchiemsee. Ludwig II. wollte sein ›Versailles‹, als Denkmal eines vor allem in Ludwig XIV., dem Sonnenkönig, verkörperten absoluten Königtums zunächst in Linderhof verwirklichen. Nach jahrelangen Vorbereitungen wurde jedoch am 21. Mai 1878 der Grundstein zu dem neuen Schloß auf der Insel Herrenwörth im Chiemsee gelegt. Die immer größere Dimensionen annehmenden Pläne seines Architekten Georg Dollmann (Abb. 179, 180) hatten inzwischen die Ausmaße des Versailler Vorbilds erreicht, samt dem von Carl von Effner mit dem in den See mündenden großen Kanal (Abb. 177), geplanten Park, der hier in seinem »ursprünglichen Glanz« wiedererstehen sollte: Die nach dem Tod des Königs trocken gelegten Wasserspiele (Abb. 202, 203) wurden in den letzten Jahren zum Teil wieder hergestellt.

41 Prunktreppenhaus. Das in verschiedenem Marmor und Stuckmarmor verkleidete südliche Treppenhaus hält sich an das Vorbild der unter Ludwig XIV. von François d'Orbay errichteten ›Escalier des Ambassadeurs‹ (Gesandtentreppe) von Versailles, die bereits 1752 wieder abgebrochen und für Herrenchiemsee auf Wunsch des Königs nach zeitgenössischen Stichen rekonstruiert wurde. Das unter dem höchst modernen Glasdach ganz im Sinn des 19. Jahrhunderts interpretierte Treppenhaus mit seinen Gemälden (Franz Widnmann und Ludwig Lesker) und Plastiken (Philipp Perron) im Stil der Makartzeit soll während der Anwesenheit des Königs durch Tausende von Blumen in einen »Lilien- und Rosenhag« verwandelt worden sein.

42 Vestibül. Der Pfau, der zweite Lieblingsvogel Ludwigs II., tritt als Symbol der königlichen Würde in der Welt der Bourbonen (Taf. 29) wie in der Welt des Orients (Taf. 60) auf. Das Pfauenmonument des Vestibüls mit dem großen Pfauenhahn auf einer Marmorvase (Pfauen in Bronze ziseliert, zum Teil auf Silber emailliert) wurde 1885 von Thiery & Breul geliefert.

43 Zweites Vorzimmer. Der nach den ovalen Fenstern im Deckenfries ›Ochsenaugen-Saal‹ genannte Raum (der auch in den Separatvorstellungen vertretene ›Salon de l'Œuil de Bœuf‹, vgl. Abb. 184) gehört mit der an das Treppenhaus anschließenden ›Salle des Gardes‹ (Hartschiersaal, Abb. 198) und dem ersten Vorzimmer (Abb. 199) zur Flucht der Paradezimmer des 1880-83 unter Georg Dollmann im Stil Louis XIV. ausgestatteten Großen Appartements. Als Modell für das sich aufbäumende Pferd des Sonnenkönigs (Reiterstatue von Philipp Perron 1885) diente ein Lieblingspferd Ludwigs II.

44 Paradeschlafzimmer. Als Schauplatz des ›Lever‹ und ›Coucher‹ (Morgen- und Abendaudienz) im Hofzeremoniell des absoluten Königtums, sollte das Schlafzimmer allein der Erinnerung an Ludwig XIV. vorbehalten bleiben. Der hier in nächtlicher Beleuchtung – der Beleuchtung, in der der König seine Schlösser im allgemeinen erlebte – gezeigte Raum überbietet als Ergebnis eines langen Planungsprozesses das viel schlichtere Versailler Vorbild (Abb. 185) an prunkvoller Ausstattung bei weitem. Die Textilien des Bettraumes (Entwürfe Abb. 186, 187) mit ›Nadelmalerei‹ von Dora und Mathilde Jörres wurden schon drei Jahre vor der Grundsteinlegung des Schlosses in Auftrag gegeben.

45 Beratungssaal. Mit seiner geschnitzten Vertäfelung in Weiß und Gold wird der Raum von einem Bildnis Ludwigs XIV. (Gemälde von Jules Jury nach Hyacinthe Rigaud) beherrscht.

46 Ludwig II. im Ornat des Georgi-Ritterordens. Das erst 1887 vollendete Gemälde von Gabriel Schachinger zeigt den König, in ähnlicher Haltung wie das Bildnis Ludwigs XIV. im Beratungssaal (Taf. 45).

47/48 Die Spiegelgalerie in nächtlicher Beleuchtung. Blick in die Spiegelgalerie aus dem Kriegssaal. Für die zuerst auf der Bühne der Separatvorstellungen realisierte Spiegelgalerie (Abb. 190) verlangte Ludwig II. in Herrenchiemsee eine Kopie im Maßstab des Originals, das einschließlich der in Versailles nicht mehr vorhandenen Ausstattung in seinem »ursprünglichen Glanz« wiedererstehen sollte.

49 Kriegssaal. Mit der Spiegelgalerie sind Kopien der beiden Versailler Eckräume, Friedenssaal und Kriegssaal, verbunden, hier der Kriegssaal mit einem Stuckrelief nach Guillaume Coustou, Ludwig XIV. zu Pferd, über dem Kamin.

50 Schlafzimmer. Mit dem Schlafzimmer beginnt die seit 1882 von Julius Hofmann und Franz Paul Stulberger entworfene Flucht der Wohnräume Ludwigs II. im Obergeschoß des Nordflügels, das Kleine Appartement im ›Stil Louis XV.‹, das mit den entsprechenden Räumen in Versailles im Gegensatz zum Großen Appartement wenig gemein hat. In diesen Räumen, die der König nur ein einziges Mal, vom 7. bis 16. September 1885, bewohnt hat, wird das in früheren Jahren für den König erfundene ›Zweite Rokoko‹ von Linderhof weiter entwickelt. Das Schlafzimmer (Entwürfe Abb. 192, 194, 195) mit dem von Philipp Perron geschnitzten Paradebett sollte von einer vom Illuminator der ›Blauen Grotte‹ von Linderhof erfundenen blauen Kugel in gleichmäßig blaues Licht getaucht werden.

51 Arbeitszimmer. Prunkstücke der Ausstattung des von einem Porträt Ludwigs XV. nach Jan van Loo beherrschten Raumes ist eine 1884 in Paris angefertigte Kopie des Rollschreibtisches Ludwigs XV. (›Bureau du Roi‹ von Oeben und Riesener 1760/69).

52 Blauer Salon (erstes Spiegelkabinett). Das von Franz Paul Stulberger entworfene Kabinett wird durch die in das geschnitzte Ast- und Laubwerk der Vertäfelung eingefügten Spiegel in unendlicher Wiederholung erweitert. Auf dem Kamin aus Meißner Porzellan eine Marmorfigur des Jupiter.

53 Porzellankabinett. In dem von Stulberger und Hofmann 1884 entworfenen Kabinett sollten auch die jetzt nur gemalten Bildfelder der Vertäfelung ursprünglich in Porzellan ausgeführt werden.

54 Speisezimmer. Der ovale Raum, nach dem Vorbild eines Salons im Pariser Hôtel de Soubise, ist über den Türen und auf den Konsoltischen mit den Büsten Ludwigs XV., der Lavallière, der Maintenon, der Dubarry und der Pompadour ausgestattet, gewissermaßen die einzigen Gäste des Königs, der hier wie in Linderhof (Taf. 34) über sein versenkbares ›Tischlein-deck-dich‹ vom Erdgeschoß aus bedient werden konnte.

55 Nördliches Treppenhaus mit Marmorstatue Ludwigs II. (Elisabeth Ney 1870). Der als Gegenstück zum südlichen Treppenhaus (Taf. 41) unvollendete Raum ist nur ein Hinweis auf die in rohem Mauerwerk verbliebenen Raumfluchten von Herrenchiemsee. Für die 1968 hier aufgestellte Statue des Königs im Ornat des Georgi-Ritterordens saß Ludwig II. Elisabeth Ney viermal, Goethes Iphigenie lesend, Modell.

56 Kleine Galerie. Im Anschluß an den Speisesaal greift die Kleine Galerie die Idee einer in Versailles nicht mehr vorhandenen ›Petite Galerie‹ auf.

57 Bad. Den ovalen Baderaum hat Josef Weißer ausgemalt, an der Decke ›Venus in der Schmiede des Vulkan.‹

58 Ankleidezimmer (Zweites Spiegelkabinett). Der unmittelbar an das Bad anschließende, mit dem Ersten Spiegelkabinett (Taf. 52) durch eine Treppe verbundene Raum, wurde mit seinen an Laubengänge erinnernden reichen Schnitzereien ebenfalls von Stulberger entworfen.

59 Hoffassade von Herrenchiemsee. Die Konzeption Ludwigs II. von einem einheitlichen Versailles Ludwigs XIV. war mit dem z.T. in verschiedenen Zeiträumen erbauten Versailler Vorbild nicht immer vereinbar und zwang zu neuen Erfindungen »im Geist des Stiles«, zu denen auch die Hoffassade von Herrenchiemsee gehört.

43

44

46

47

54

55

57

Im Vestibül von Herrenchiemsee wie im Maurischen Kiosk in Linderhof ist der Pfau dargestellt, ein Lieblingstier Ludwigs, das im Reich des Schwanes, des anderen Lieblingstieres, nur am Rande, als Symbol der Seligkeit und Unsterblichkeit, in den Bogenlaibungen des Sängersaals auftritt. Der Pfau verbindet die beiden neben Wagner und dem Mittelalter sein Weltbild bestimmenden Stoffkreise. Die ihm aus seinen Büchern vertraute Welt des Orients hatte für den König wie für viele seiner Zeitgenossen etwas ungeheuer Anziehendes. Auch unter den dem König von Archivar Löher vorgeschlagenen möglichen Herrschaftsgebieten erschienen, neben den Tälern des Hindukusch, Ägypten und Afghanistan am annehmbarsten, »hauptsächlich aus dem Grunde ... weil bei diesen Ländern allein die Entfaltung eines größeren Herrscherglanzes möglich erscheint.«[238] Selbst Wagner plante eine Oper nach einem orientalischen Stoff, ›Die Sieger‹, deren Verwirklichung der König vergebens erhoffte: »In einem sehr fesselnden Werke über Indien, den Brahmanismus und Buddhismus fand ich zu meinem freudigen Erstaunen jene so einfache und daher so erschütternde und tief rührende Erzählung, die Sie als Stoff zu den ›Siegern‹ benützen wollten. Sehr würde es mich schmerzen, wenn Sie, wie Sie einst sagten, dieses Werk ganz aufgegeben hätten; o bitte thun Sie es nicht, lassen Sie Sich beschwören ... Es wird zu den herrlichsten Ihrer Werke dereinst zu zählen sein, glauben Sie mir. Indien und der Buddhismus haben etwas für mich unaussprechlich anziehendes, Sehnsucht und selige Wonnen erweckendes.«[239]

In Indien spielt die durch ihren großen Erfolg während der Pariser Weltausstellung bekannt gewordene Oper ›Der König von Lahore‹ von Jules Massenet, von der der König nach der Generalprobe zunächst am 8. und 10. Mai 1879 zwei Separatvorstellungen verlangte. Ähnlich reich statteten Jank, Döll und Quaglio die im gleichen Jahr einmal als Separatvorstellung gegebene ›Zauberflöte‹ aus. Zwei Separatvorstellungen gingen auch den öffentlichen Aufführungen von Karl Goldmarks ›Die Königin von Saba‹ (1880) und Webers ›Oberon‹ (1881) voraus. Der König hatte durch Franz Grandaur das Libretto und durch Franz Wüllner die Musik des ›Oberon‹ neu bearbeiten lassen, und die zwölf neuen Dekorationen riefen allgemeine Bewunderung hervor: »Die seit den letzten Jahren an unserer Hofbühne von Stufe zu Stufe aufsteigende Inscenierungskunst mit dem complicierten dazugehörigen Apparat scheint uns im ›Oberon‹ den Gipfel allseitiger Vollendung erreicht zu haben ... Es war an malerischer Pracht, an blendendem Glanze, an überraschenden Effecten das Höchste geboten.«[240] Besondern Gefallen fand der König an den Dekorationen zu ›Lala Rookh‹. Für diese Oper ließ er 1876 das in einem Modell des Königs erhaltene Kaschmirtal malen[241], das er sogar in die Linderhofer Grotte übertragen wollte.

Für die Separatvorstellungen wurde auch Kalidasas indisches Drama ›Sakuntala‹ von Karl Heigel übersetzt und bearbeitet, ebenso ein zweites Werk Kalidasas, das indische Märchen ›Urvasi‹, das bei der letzten Separatvorstellung am 12. Mai 1885 gegeben wurde. Ludwig II. hatte befohlen, die Dekoration »nicht nach der Schablone, sondern nach naturgetreuen Bildern des Himalaja-Gebirges« zu entwerfen[242]. Der Bericht des Bühnentechnikers Lautenschläger über die Entstehung der Wandeldekoration des 4. Akts von ›Urvasi‹, die ihm nach dem Tod des Königs bei der ersten öffentlichen Vorstellung einen vierfachen Hervorruf einbrachte, ist bezeichnend für die Dekorationswünsche des Königs, der auf ›echte‹ Natur soviel Wert legte wie auf ›echte‹ historische Schauplätze:

»Der König wünschte, daß dieser Urwald, belebt von Paradiesvögeln, Papageien, Singvögeln, Elefanten und anderen Tiergattungen, vor seinem Auge vorüberziehe. Ich hatte den Plan bereits fertig, die Zeichnung wurde S. M. vorgelegt, als er von einem Ausflug zurückkam, auf welchem er ›weidende Hirsche‹ sah. Das friedliche Bild der weidenden Hirsche wollte nun S. M. auch in dem indischen Urwald sehen, und so wurden denn dem belebten Bilde eines Urwaldes die weidenden Hirsche in der Zeichnung hinzugefügt.« Nach der im übrigen zur allerhöchsten Zufriedenheit ausgefallenen Vorstellung wurde Lautenschläger mitgeteilt, »daß der König die Bemerkung machte: ›Herr Lautenschläger läßt die Tiere in dem indischen Walde hungern. Tiere gehen im Walde nicht bloß spazieren, sie benützen den Aufenthalt, um Atzung zu suchen. Lautenschläger soll bei der zweiten Aufführung die Tiere also nicht mehr bloß spazieren gehen lassen.‹ Ferner müsse die Sonne Indiens, deren Strahlen den Wald beleben, wohl einen stärkeren Ausdruck haben und ein anderes, lebhafteres Farbenspiel hervorbringen.«[243]

205 Carlo Brioschi, Entwurf zur Separatvorstellung von Kalidasas ›Urvasi‹, 1881.

206 Entwurf eines indischen Pfauenthrons nach Angaben des Königs, 1878 von Claudius Schraudolph d. J.

207 Christian Jank, Entwurf zu Jules Massenets Oper ›Der König von Lahore‹, 1879.

In die gleiche indische Märchenwelt wollte sich der König auch in seinem seit 1867 über dem Festsaalbau errichteten Wintergarten versetzen. Die den alten Wintergarten seines Vaters Maximilian an der Südostecke der Residenz weit übertreffende, kühne Glas-Eisenkonstruktion steht in der für die Baukunst des 19. Jahrhunderts so bedeutsamen Tradition der sogenannten Palmenhäuser, zu der auch das eiserne Palmenhaus König Friedrich Wilhelms IV. auf der Pfaueninsel bei Potsdam gehört. Die Freude Ludwigs an der tropischen Vegetation, die Hofgartendirektor Effner vor dem Hintergrund des von Christian Jank an die Rückwand gemalten Himalaja um einen See gruppierte, war keineswegs ungewöhnlich zu einer Zeit, in der tropische Pflanzenarrangements und ›orientalische‹ Einrichtungen allgemein beliebt waren und der bekannte ›Makart-Strauß‹ schon die Wohnungen der besseren Bürger schmückte. Einen Besuch im Wintergarten schildert die mit Prinz Ludwig Ferdinand vermählte Infantin Maria de la Paz:

»Lächelnd hob der König den Vorhang zur Seite. Ich war verblüfft; denn ich sah einen riesigen, auf venezianische Art beleuchteten Garten mit Palmen, einem See, Brücken, Hütten und schloßartigen Bauwerken. ›Geh‹, sagte der König und ich folgte ihm fasziniert, wie Dante Vergil ins Paradies. Ein Papagei schaukelte sich in einem goldenen Reif und schrie mir ›Guten Abend‹ entgegen, während ein Pfau gravitätisch vorüberstolzierte. Wir gingen auf einer primitiven Holzbrücke über einen beleuchteten See und sahen zwischen Kastanienbäumen vor uns eine indische Stadt ... Wir kamen zu einem blauseidenen, mit Rosen überdeckten Zelt. Darin war ein Stuhl, von zwei geschnitzten Elefanten getragen, und davor lag ein Löwenfell. Der König führte uns weiter auf einem schmalen Pfade zum See, worin sich ein künstlicher Mond spiegelte, Blumen und Wasserpflanzen magisch beleuchtend ... Wir kamen dann zu einer indischen Hütte. Fächer und Waffen dieses Landes hingen von der Decke herab. Mechanisch blieb ich stehen, bis der König zum Weitergehen mahnte. Plötzlich glaubte ich mich in die Alhambra verzaubert. Ein kleines maurisches Zimmer mit einem Brunnen in der Mitte, von Blumen umgeben, versetzte mich in meine Heimat. An den Wänden zwei prächtige Divane. In einem anschließenden runden Pavillon hinter einem maurischen Bogen war das Abendessen gerichtet. Der König wies mir den Mittelplatz an und klingelte leise mit einer Tischglocke ... Plötzlich war ein Regenbogen zu sehen ›Mein Gott‹, rief ich unwillkürlich aus, ›das ist doch ein Traum!‹ ›Du wirst auch mein Schloß Chiemsee sehen‹, sagte der König. Ich träumte also nicht ...«[244]

208 Ludwig II. im Wintergarten.

209/210 Der Wintergarten Ludwigs II., Photographien von Joseph Albert um 1870. Nachdem sich schon sein Vater Maximilian II. über dem Arkadengang zwischen Königsbau und Nationaltheater 1851-1854 einen vergleichsweise bescheidenen Wintergarten eingerichtet hatte, ließ Ludwig II. auf der anderen Seite der Residenz 1867-1869 in unmittelbarem Anschluß an seine neue Wohnung (Abb. 100) den westlichen Trakt des Festsaalbaus mit einer kühnen Eisenkonstruktion überwölben. Die Konstruktion des 1886 nach dem Tod Ludwigs II. stillgelegten und 1897 abgebrochenen Wintergartens fand als Werkhalle bei MAN in Nürnberg Verwendung, wo sie im letzten Krieg zerstört wurde. Die üppigen Pflanzenarrangements von Hofgartendirektor Carl von Effner stellten das ›Tal von Kaschmir‹ dar (Taf. 67), mit einem kleinen See, der sich an den Stirnwänden in einem Gemälde des Himalaya-Gebirges bzw. einem ›Mogulpalast‹ fortsetzte, gemalte Prospekte von Christian Jank. (Taf. 61 und Taf. 63). Zur Ausstattung gehörten außerdem zwei Kioske, eine Schilfhütte, das ›indische Zelt‹ und ein Kahn, in dem sich der König auf dem See rudern ließ (Abb. 208). Sein Lieblingsplatz war die in einem Felsenaufbau eingerichtete Grotte mit einem kleinen Wasserfall.

209

210

211 Maurischer Kiosk in Linderhof, Aquarell von Heinrich Breling 1881. Die Ansicht zeigt das Äußere des 1876 von Ludwig II. aus Böhmen erworbenen Pavillons mit seiner vergoldeten Kuppel inmitten der von Carl von Effner vor dem Hintergrund des Bergwaldes mit Palmen und anderen exotischen Gewächsen gestalteten Gartenanlage.

212 Prunkzelt, Entwurf von Georg Dollmann 1870. Das mit dem Halbmond gekrönte Zelt am Rand eines Sees könnte als Alternativentwurf zu dem blauen Königszelt des Münchner Wintergartens (vgl. Taf. 63) entstanden sein.

213/214 Das Marokkanische Haus bei Linderhof, Außenansicht und Innenansicht, Aquarelle von Heinrich Breling 1881. Der König ließ das Marokkanische Haus auf der Pariser Weltausstellung 1878 in Paris erwerben.

213

214

215 Das Königshaus auf dem Schachen, eine 1870 errichtete Berghütte mit türkischem Saal (s. Taf. 64, 65), alte Photographie.

Ludwigs erstes Bauprojekt im orientalischen Stil war das 1870 errichtete Schloß auf dem Schachen, äußerlich eine in einfacher Holzbauweise errichtete Berghütte, innerlich ein mit verschwenderischer Pracht ausgestatteter türkischer Saal, für den sich Ludwig II. Aufnahmen des Kiosk Gueuk sowie der türkischen Schlösser Beylerbey und Yelditz besorgen ließ. »Hier saß in türkischer Tracht Ludwig II. lesend«, berichtet Louise von Kobell, »während der Troß seiner Dienerschaft als Moslems gekleidet, auf Teppichen und Kissen herumlagerte, Tabak rauchend und Mokka schlürfend, wie der königliche Herr befohlen hatte, der dann häufig überlegen lächelnd die Blicke über den Rand des Buches hinweg auf die stilvolle Gruppe schweifen ließ. Dabei dufteten Räucherpfannen und wurden große Pfauenfächer durch die Luft geschwenkt, um die Illusion täuschender zu machen.«[245] 1876 ließ der König den aus dem Park von Schloß Zbirow in Böhmen erworbenen Maurischen Kiosk im Park von Linderhof aufstellen und Effner erhielt den Auftrag, die Umgebung »in einen Garten zu verwandeln, der mit exotischem Gewächs bepflanzt sein muß, Orangenbäume, Palmen, Rosen dürfen nicht fehlen.«[246] Den Mittelpunkt des durch Dollmann erweiterten Raumes bildet der von Seitz entworfene Pfauenthron.

Obwohl der König schon im Wintergarten und in Berg ähnliche Kioske wie den Linderhofer besaß, wurde Dollmann 1878 wieder zur Weltausstellung nach Paris geschickt, um über die damals in ganz Europa Mode ge-

Ein Dialog mit Felix Dahn

Im türkischen Saal des Königshauses auf dem Schachen gewährte Ludwig II. im August 1873 dem Dichter Felix Dahn eine Audienz. Das fast sechsstündige Gespräch, in dem es vor allem um das Verhältnis Bayerns zu Preußen und zum neuen deutschen Kaiserreichs ging, endete nach den Aufzeichnungen Dahns mit folgendem Dialog: »Da machte er wieder kurz halt vor mir und sah mich durchdringend an: ›Sie denken in diesem Augenblick: es ist erfreulich, daß auch Ludwig II. nicht kann, wie ihn gelüstet.‹ ›Ja, Majestät, das denke ich, nachdem Sie soeben in Ihrem Haß sogar Krieg gegen den Kronprinzen angedeutet haben.‹ ›Mit allem Grund! Zur Abwehr! Zur Erhaltung Bayerns, meiner Dynastie.‹ ›Majestät, Ihre Dynastie hat von Preußen nur in einem Fall etwas zu besorgen.‹ ›In welchem?‹ ›Wenn sie bei einem Kriege nicht ihre Pflicht gemäß der Reichsverfassung genau erfüllte: dann freilich würde sie nach dem Siege Deutschlands verschwinden.‹ ›Nein, nein. Schon jetzt. Hören Sie nur. Der Kronprinz hat – nach jenem Einzug mit meinen – meinen!‹ – wiederholte er grimmig – ›Truppen in meiner Hauptstadt: ah, die Stunde vergeß ich ihm nie! auf dem Bahnhof zu Augsburg zu seinen Offizieren gesagt: ›Sehen Sie, meine Herren, ein schönes Land. In ein paar Jahren werde ich das alles annektiert haben.‹ ›Das ist nicht wahr,‹ fuhr ich heraus. Er stampfte heftig mit dem Fuß. ›Glauben Sie mein Oheim, Prinz Karl, lügt?‹ ›Hat Seine Königliche Hoheit diese Worte selbst gehört?‹ ›Nein! Aber sie wurden ihm hinterbracht.‹ ›Ich wiederhole: ich setze Haupt und Leben und Ehre dafür ein: das hat der Kronprinz nie gesagt. Erstens denkt er es ganz gewiß nicht. Und zweitens, dächte er's, würde er's nicht sagen. Wie können Majestät solch bösartigem Gerede glauben!‹ Nun sah er mich freundlich an: ›Ich fühle wohl: – Sie wollen mich durchaus mit Preußen – mit ihm – versöhnen.‹ ›Ja, Majestät! Das wäre das schönste Werk meines Lebens! Denn auf Preußens und Bayerns Eintracht vor allem ruht das Reich.‹ ›Sie scheinen es sehr zu lieben, dieses Reich.‹ ›Ja, mehr als alles. Es ist das höchste Gut des Deutschen.‹ Lang, ernst, ruhte sein Blick auf mir: ich dachte still: ›So! Jetzt hast du's gründlich verschüttet bei diesem stolzen König.‹ Da reichte er mir die Hand, mich – endlich! – verabschiedend. Es war $9^1/_2$ Uhr vorbei. ›Es ist spät geworden‹, sagte er. ›Sie können nicht mehr hinunter. Sie sind mein Gast für die Nacht. So wie Sie hat noch kein Mann zu mir gesprochen. Ich danke Ihnen. Ich werde Ihnen das nie vergessen. Leben Sie glücklich.‹ Ich ging in heißer Erregung. So hatte er meinen schroffen Widerspruch gegen seine Lieblingsgedanken echt königlich aufgenommen.

wordenen verschiedenen orientalischen Häuser zu berichten – das Haus aus Algier, das persische, ägyptische und chinesische Haus – und schließlich für den König das schönste, das marokkanische Haus auszuwählen, das sogleich aus der Ausstellung genommen werden mußte. Dazu kaufte Dollmann Teppiche, Stoffe, Bronzen und Möbel, da durch »die Allerhöchste Bestimmung die Villa nicht bürgerlichen, sondern fürstlichen Schmuck« erhalten sollte[247]. Das Haus wurde noch im gleichen Jahr bei Linderhof aufgestellt, wo »S.M. dasselbe nur um einige Stunden ungestört darin zu lesen« benützen wollten[248]. Nach dem Tod des Königs wurde das marokkanische Haus verkauft, in dem Ludwig »dann und wann sein Personal sich in bunt gestickten afrikanischen Gewändern auf Polster und Teppiche lagern, aus Tschibuk und Nargileh rauchen und Sorbett schlürfen ließ, um sich den Anblick eines echt maurischen Bildes zu verschaffen.«[249] Weitere orientalische Projekte, wie ein maurischer Saal im Schloß Neuschwanstein, kamen nicht zur Ausführung. Nachdem sich der König verschiedene Ansichten des kaiserlichen Winterpalastes von Peking verschafft hatte, entwarf Julius Hofmann 1886 noch ein ›chinesisches‹ Schloß. Es sollte am einsamen Plansee erbaut werden. Dort hätte sich der König, der am chinesischen Hofzeremoniell interessiert war, zum letzten Mal das Leben eines unumschränkten Herrschers vorspielen lassen.

216 Ludwig II. um 1876.

217 Felix Dahn.

218 Das chinesische Schloß. Aufriß zum Projekt eines chinesischen Sommerpalasts von Julius Hofmann 1886. Die von einer Mauer umschlossene Anlage mit einem großen Thronsaal im Hauptgebäude und einem chinesischen Garten sollte unweit von Linderhof am Plansee entstehen.

60, 62 Der Pfauenthron und der Maurische Kiosk von Linderhof. Auch wenn der König den von dem Berliner Architekten Karl von Diebitsch entworfenen Maurischen Kiosk 1876 aus dem Garten des böhmischen Schlosses Zbirow erwarb, ist der Bau in Zusammenhang mit den Pariser Weltausstellungen zu sehen. Paris war vor allem seit 1830, seit der Eroberung algerischen Territoriums durch die Franzosen, ein Zentrum der maurischen Mode. Ludwig II. dürfte diese Modeströmung bei seinem Besuch der Pariser Weltausstellung von 1867 kennen und schätzen gelernt haben.

Der König befaßte sich intensiv mit orientalischen Werken, besorgte sich Bücher, Beschreibungen und Bilder von bestimmten Objekten, z. B. 1878 die Beschreibung eines indischen Pfauenthrons (danach der Entwurf Abb. 206). Auf der Pariser Weltausstellung von 1878 ließ er das Marokkanische Haus (Abb. 213, 214) erwerben und Georg Dollmann plante für Linderhof außerdem einen Maurischen Saal, der ebensowenig zur Ausführung kam wie ein weiterer Maurischer Saal, der im 1. Obergeschoß des Palas von Neuschwanstein vorgesehen war. Für seine beiden Kioske im Wintergarten (Abb. 209), seine Kioske bei Schloß Berg und Linderhof sowie das Schachen-Schlößchen (Taf. 64, 65) ließ der König auf Ausstellungen und bei Händlern im In- und Ausland Stoffe aus Algerien und Tunis, Persische Teppiche, orientalische Lampen und andere Kostbarkeiten erwerben. Und obwohl er den Maurischen Kiosk von Linderhof samt seiner Einrichtung gekauft hatte, wurde er 1877 sogleich neu ausgestattet, als Mittelpunkt ein neuer Marmorbrunnen, farbige Fenster aus der Münchner Hof-Glasanstalt F. X. Zettler, die nachts sogar von außen künstlich beleuchtet werden konnten, dazu neue Laternen im maurischen Stil aus vergoldetem Eisenblech, die Pfauenwedel von Hoftapezierer Max Steinmetz.

Das Hauptstück der Ausstattung aber war der von Franz Seitz entworfene Pfauenthron, mit drei Pfauen in emailliertem Bronzeguß, die 1877 bei Le Blanc-Granger in Paris bestellt wurden.

61, 63 Ansichten des Münchner Wintergartens. Gemälde von Julius Lange 1872. Der Wintergarten wurde 1867-1869 im Anschluß an die neue königliche Wohnung über dem westlichen Trakt des Festsaalbaus errichtet, jedoch sogleich nach dem Tod des Königs stillgelegt und 1897 abgebrochen. Die beiden für das Königshaus auf dem Schachen als Supraporten geschaffenen Gemälde stellen zwei Ansichten des Wintergartens dar, wobei die Pflanzenarrangements und der See mit dem Boot des Königs unmerklich in die das Gewässer fortführenden, von Christian Jank gemalten Rückprospekte mit dem Mogulpalast (Taf. 61) bzw. dem Bergmassiv des Himalaya (Taf. 63) übergehen. Der Vergleich mit den gleichzeitigen Photographien des Wintergartens von Joseph Albert (Abb. 209, 210) kann zeigen, daß der Maler die überwölbende Eisenkonstruktion einfach weggelassen hat. Denn der König, der in diesem künstlichen orientalischen Reich als ein neuer ›Oberon‹ erschien (Webers Oper ›Oberon‹ wurde nach den Wünschen des Königs 1881 für das Nationaltheater neu bearbeitet und ausgestattet), sollte im Sinn der vollkommenen Illusion seines hier vor den auswechselbaren Prospekten des Bühnenmalers vom Hofgartendirektor arrangierten ›Tal von Kaschmir‹ die höchst moderne Eisen- und Glas-Konstruktion wieder vergessen. Im Wintergarten, der nur über seine Wohnung zugänglich war, empfing der König auserwählte Besucher (vgl. den Bericht von Prinzessin Maria de la Paz, S. 164), darunter auch die Sängerin Josephine Scheffsky (Abb. 28), die hier bei einer Kahnfahrt ein unfreiwilliges Bad nahm.

64, 65 Das Königshaus auf dem Schachen. Das 1870 errichtete Schachenschlößchen, eine der elf Berghütten, in die sich der immer wieder nach der Einsamkeit der bayerischen Berge verlangende König gern zurückzog (vgl. S. 68), enthält im Innern neben den sehr einfachen, mit Stichen und photographischen Reproduktionen ausgestatteten Wohnräumen des Königs einen von farbigen Glasfenstern erleuchteten und wie der Maurische Kiosk in Linderhof (Taf. 62) um einen Brunnen im Mittelpunkt mit verschwenderischer Pracht ausgestatteten türkischen Saal (Taf. 65). Ludwig II. ließ sich hier von der entsprechend kostümierten Dienerschaft ein orientalisches Bild vorführen und die bayerische Bergwelt verwandelte sich nach seiner Vorstellung in das geliebte ›Tal von Kaschmir‹ mit dem Himalaya (Taf. 63). Von einem verspäteten Feuerwerk auf dem Schachen berichtet Theodor Hirneis: »Am 23. August gehts auf den Schachen, wo der König alljährlich seinen Namenstag verbringt. Dort muß bei Ankunft des Königs stets ein Feuerwerk abgebrannt werden. Auch die Umrisse des Königshauses auf dem Schachen werden mit unzähligen farbigen Lichtern eingesäumt, so daß dem König bei seinem Eintreffen in den ersten Morgenstunden ein großartiges Schauspiel geboten wird. Diesmal aber hat sich der König verspätet. Es ist schon 8 Uhr und die Sonne steht schon hoch am Himmel – das Feuerwerk muß aber trotzdem stattfinden. Befehl ist Befehl! Und so kommt es, daß diesmal die Raketen, statt durch die Nacht zu zischen, lustig durch den sonnenhellen Tag fliegen.«

Ludwig II. *und die Kunst*

Die auch in anderen Bereichen der Kunst des 19. Jahrhunderts zu beobachtende ständige Wechselbeziehung zum Theater stellt zweifellos für die künstlerischen Bestrebungen König Ludwigs II. einen zentralen Aspekt dar, aus dem sich viele Züge wie von selbst erklären: angefangen mit der gewissermaßen das ganze Repertoire eines in sämtlichen Stilen beheimateten Bühnenbildners ausschöpfenden Vielfalt der Möglichkeiten von nicht etwa nacheinander, sondern gleichzeitig geplanten Projekten, so um 1870 nebeneinander die ›Neue Burg Hohenschwangau‹, ›Versailles‹, und der byzantinische Palast. Dazu paßt auch der manchmal verblüffende Kontrast der gebauten ›Kulissen‹, zwischen denen wie nach verschiedenen Aufzügen einmal der Vorhang gefallen zu sein scheint, – z. B. der Türkische Saal im Innern der einfachen ›Jagdhütte‹ auf dem Schachen oder das byzantinische Schlafgemach in der geplanten ›Raubritterburg‹ Falkenstein. In diesem Sinn waren auch die an Perfektion die üblichen Werkstattmodelle der Bühnenbildner bei weitem übertreffenden Bühnenmodelle, die der König nach den Wagnerschen Mustervorstellungen und auch von bestimmten Schauplätzen der Separatvorstellungen für sich anfertigen ließ, mehr als ein ›Spielzeug‹: Anhand dieser Modelle, die im östlichen Turmzimmer von Schloß Berg aufbewahrt wurden, konnte er sich ›erinnern‹ und zugleich neue, aus der Welt des Theaters gewissermaßen verselbständigte gebaute Schauplätze ›erproben‹. Wie der König als Zuschauer äußerst empfindlich auf jede Störung der Illusion reagierte – und sei es nur die ihn tief erbitternde falsche Aussprache französischer Namen durch die Schauspieler –, lehnte er auch in den Schlössern jede ›Täuschung‹ heftig ab, etwa einen provisorisch in Gips ausgeführten Konsoltisch in Herrenchiemsee oder ein Jagdhorn aus Papiermaché in der Hundinghütte. Doch die auf der Bühne unter Ablehnung alles ›Theaterhaften‹ erzielte Realität der Illusion ließ sich im Rahmen der gebauten Kulissen der vom König meist nachts und nicht mehr im Tageslicht erlebten Schlösser nur noch steigern, wenn gelegentlich mit Hilfe der vom Theater übernommenen modernen Beleuchtungstechnik die durch eine vielleicht allzu greifbare Realität gefährdete Illusion gerettet wurde. Überhaupt steht die in der Kunst des Königs zunächst verblüffende Verwendung technischer Mittel, z. B. das Kraftwerk von Linderhof oder die ungeteilten Fenster des kleinen Wintergartens in Neuschwanstein, meist im Dienst der Illusion. Schließlich hängen auch die unübersehbaren Stärken und Schwächen dieser Kunst mit der engen Beziehung zum Theater zusammen: die grandiose, meist sorgfältig berechnete Gesamtwirkung von Bauwerk und Natur (z. B. Neuschwanstein von der Brücke über die Pöllatschlucht gesehen) wie die offenkundigen Schwächen im Detail. Eigenwillige Künstlerpersönlichkeiten kamen für Ludwig II., der den Künstlern ihre oft von vornherein nur als Kopie verstandenen Arbeiten genau vorschrieb, ohnehin nicht in Frage. Ja bei der unerhörten Hast, mit der gleichsam bestimmte ›Premierentermine‹ eingehalten werden mußten, wurden die nur als Befehlsempfänger betrachteten Künstler selbst an ein und demselben Gemälde rücksichtslos ausgewechselt, wenn es nicht schnell genug voran ging.

Als Bauherr im Zeitalter des Historismus bestimmte Ludwig II. natürlich nicht nur Standort und Thema seiner Bauten, sondern auch den Stil. So fügte er den von seinem Vater und Großvater gepflegten Stilen den Neubarock und ein zweites Rokoko hinzu, wie es in Deutschland seit der Einrichtung des Wiener Palais Lichtenstein und in Frankreich seit dem Stil Louis-Philippe auftritt, wandte sich von der Neugotik seines Vaters der Neuromanik von Neuschwanstein zu und teilte die seit der Romantik aufgekommene Vorliebe für alles Orientalische. Die Griechenland- und Italienbegeisterung seines Großvaters war Ludwig, der kein einziges Mal nach Italien gereist ist, völlig fremd – »die von der glühenden Sonne versengten Gefilde Hellas denke ich mir eher abstoßend denn anziehend«, schreibt er einmal an Wagner[250]. Er baute eine Architekturkopie nach Versailles, keine Architekturkopien nach griechischen und italienischen Vorbildern wie sein Großvater. Auch Ludwig I. hat dabei oft höchst eigenwillige Vorstellungen gegen den Widerstand seiner Architekten durchzusetzen gewußt. Ludwig I. suchte jedoch den Dialog mit den Künstlern, an dessen Stelle bei seinem Enkel in einsamer Überlegung aufgrund der eigenen geistigen Konzeption gefaßte und über den Hofsekretär an die Künstler weitergegebene Befehle treten, Befehle, die oft bis ins kleinste Detail der Form und des Inhalts gehen. In diesem Sinn ist Ludwig II. Bauherr und Schöpfer zugleich, der keine Eigenwilligkeit seiner oft nur geschickten, aber wenig bedeutenden Maler, Bildhauer und Dichter dulden konnte. Nur Wagner fand in Ludwig, gerade weil er von Musik, die er nur gefühlsmäßig genoß, wenig verstand und auch seinen Dichtungen in kritikloser Bewunderung gegenüberstand, einen idealen Mäzen; und auch Semper verstand es, den jungen König für seine Konzeption zu gewinnen.

Gerade die Kunst Ludwigs II., eines der größten Bauherrn des Historismus, dessen erste Forderung immer die aufgrund eigener wissenschaftlicher und literarischer Studien erkannte historische Wahrheit war, zeigt aber immer wieder die unverkennbaren selbständigen Leistungen des Historismus, selbst dort, wo nach dem Willen des Königs nur kopiert werden soll. Der beabsichtigte Stil Louis-Quinze zum Beispiel verwandelt sich in den die Ausführung oft noch übertreffenden Entwürfen in das unverwechselbare Rokoko Ludwigs II. Es ist bezeichnend, daß hier gelegentlich in Verbindung mit dem dem 19. Jahrhundert eigenen Naturalismus verblüffende Vorboten des Jugendstils auftreten, nicht nur in den wuchernden Formen des Rokoko, zum Beispiel den auch durch ihre eigentümliche Farbigkeit ausgezeichneten kunstgewerblichen Entwürfen Seders und Brochiers – genauso in für Neuschwanstein entworfenem Gerät, in den ›romanischen‹ Kandelabern des Thronsaals, in den erstaunlichen Arkadenentwürfen Janks von 1870 für das Ritterhaus von Neuschwanstein. Die Majolika-Vasen im Park von Linderhof sehen aus, als seien sie dreißig Jahre später entstanden. Während, ähnlich der kühnen Eisenkonstruktion des Wintergartens, in den Schlössern immer die neuesten technischen Errungenschaften verwendet wurden, zum Beispiel der Metallguß für Zieraten

Die Welt des Theaters Tafel 66-69

Auf der Bühne seines Hoftheaters konnte Ludwig II. seine verschiedenen Welten immer wieder neu beschwören: die ihm schon seit der Jugendzeit in Hohenschwangau vertraute und durch Richard Wagner geprägte Welt des Mittelalters, die vor allem um die Gestalt des in Taf. 66 auf der Bühne thronenden Sonnenkönigs – als Idealverkörperung des absoluten Königtums – kreisende Welt der französischen Bourbonen, und die geheimnisvolle Welt des Orients. Auch seine Bauten, z.B. das neue ›Versailles‹, wurden zuerst auf der Bühne realisiert und es gibt darunter auch ausgesprochene gebaute Bühnenbilder wie die Venusgrotte von Linderhof oder die Hundinghütte. Die Taf. 67-69 gezeigten Bühnenmodelle mit deren Hilfe der König seine Bildvorstellungen immer wieder neu erproben und überprüfen konnte, sind also im Rahmen der künstlerischen Bestrebungen Ludwigs II. weit mehr als eine ›Spielerei‹.

66 *Eine Vorstellung im Münchner Residenztheater*, Gouache von Julius Lange 1870. Auf der von der Königsloge aus gesehenen Bühne eine Szene am Hof Ludwigs XIV. mit dem unter einem Baldachin thronenden Sonnenkönig.

67 *Modell zum ›Tal von Kaschmir‹* in Félicien Davids Oper ›Lalla Rookh‹ von Heinrich Döll 1876. Eine Nachbildung der vom Landschaftsspezialisten unter den Münchner Bühnenmalern für das Nationaltheater geschaffenen Dekoration wollte der König zum Auswechseln mit dem Prospekt ›Tannhäuser im Venusberg‹ in die Linderhofer Grotte (Taf. 23-25) übertragen lassen.

68 *Modell der Venusgrotte* von Heinrich Döll zum 1. Aufzug des ›Tannhäuser‹ entsprechend der Münchener Neuinszenierung von 1867. Die Idee der Grotte des ›Hörselberges‹ wurde von Ludwig II. im kleinen in Neuschwanstein (Taf. 8), im großen in Linderhof (Taf. 23-25) realisiert.

69 *Modell zum ›Tannhäuser‹* 3. Aufzug ›Tal vor der Wartburg‹ von Heinrich Döll 1865 nach der Münchner Erstaufführung von 1855. Ähnlich der Silhouette der Wartburg im Hintergrund dieses Bühnenbilds (das der König auch in Erinnerung an seinen ersten Tannhäuser-Besuch von 1862 anfertigen ließ) setzte er später seine ›Neue Burg Hohenschwangau‹ auf den Felsen oberhalb der Pöllatschlucht.

und Figuren der Dachaufbauten, und selbst – immer um der Illusion willen – so erstaunlich ›moderne‹ Lösungen wie die sprossenlosen Fensterflächen und die aus einer einzigen Glasscheibe bestehende Schiebetür des Wintergartens von Neuschwanstein gefunden wurden, blieben zugleich durch Ludwigs Bauten in Bayern wie nirgends in Deutschland die handwerklichen Traditionen des 18. Jahrhunderts bewahrt – Franz Seitz' Sohn und Mitarbeiter Rudolf Seitz wurde der erste Leiter der Restaurierungswerkstätte, aus der die Werkstätten des heutigen Landesamts für Denkmalpflege hervorgingen[251]. Die bedeutenden Aufträge des Königs an die Hofmöbelfabrik Pössenbacher, an die Stickereien Jörres und Bornhauser, die Hofsilberarbeiter Harrach und Wollenweber, an die Juweliere Merk und Rath, die Kunstschlosser Kölbel und Moradelli, an die Zettlersche Hof-Glasanstalt, die Mayersche Hof-Kunstanstalt und an viele andere, machten München zu einer europäischen Metropole des Kunstgewerbes, die sich neben Wien und Paris, wohin der König ebenfalls Aufträge vergab, behaupten konnte.

Während Maximilian II. und Ludwig I. vor allem für die Öffentlichkeit bauten, waren die Schlösser Ludwigs II., die heute jährlich von fast 1,5 Millionen Besuchern besichtigt werden, so ausschließlich dem König vorbehalten, daß er daran denken konnte, sie nach seinem Tod vernichten zu lassen. Die Schlösser waren ja in seinen Augen ›geweihte Stätten‹, die das Volk nicht sehen sollte, weil »der Blick des Volkes sie entweihen, besudeln würde.«[252] Seit 1870, wo einmal an Hofrat Düfflipp die Weisung ergeht, »nicht mehr von Politik zu sprechen, ohne daß Majestät um etwas fragen«[253], hatte der in seinen Anfängen auch hohe politische Begabung zeigende König mehr und mehr das Interesse an der Politik verloren und verhielt sich – außer einigen schwachen Versuchen, das Kabinett umzubilden – auf diesem Gebiet völlig passiv, während er für seine Kunst eine ungeheure Aktivität entfaltete. Denn seine Bühnenvorstellungen und seine Schlösser waren mehr als eine Scheinwelt, in die er sich aus Protest gegen eine ihm verständnislos gegenüberstehende bürgerliche Welt zurückzog, sie waren sein Leben, in dem Traum und Wirklichkeit eins waren und die Geschichte nicht nur auf dem Theater zur Gegenwart wurde. Hier ging der König, der mit seinen Unternehmungen keineswegs, wie oft behauptet wird, die Staatskasse ruiniert hat, sondern alles aus seiner Privatkasse bestritt, mit äußerstem Geschick und einer Energie vor, die er in politischen Fragen gänzlich vermissen ließ. »... Vorwärts mit dem Schlafzimmer im Linderhof, St. Hubertus-Pavillon und mit dem Ausbau der Burg von Herrenwörth und Falkenstein. Mein Lebensglück hängt davon ab. ... Er soll es erschinden, durchreißen, alle Schwierigkeiten beilegen und Hindernisse niederreißen und baldigst ist die Hauptsache«, läßt der König noch kurz vor seinem Sturz dem früheren Kabinettchef von Ziegler mitteilen[254]. Und als wegen der inzwischen auf viele Millionen angewachsenen Schulden der Kabinettskasse alles Antreiben nichts mehr nützte und alle Versuche, Anleihen aufzunehmen, scheiterten, schrieb er am 26. Januar 1886 an den Innenminister von Feilitzsch: »Seit der beklagenswerte Zustand der Kabinettskasse herbeigeführt wurde und die Stockung bei meinen Bauten, an welchen mir so unendlich viel gelegen ist, eingetreten ist, ist mir die Hauptlebensfreude genommen, alles andere ist gegen diese verschwindend ... Ich fordere Sie daher noch einmal dringend auf, alles aufzubieten, um zur Erfüllung meines sehnlichsten Wunsches beizutragen und widerstrebende Elemente zum Schweigen zu bringen. Sie würden mir geradezu das Leben aufs Neue geben.«[255] Mit der erzwungenen Einstellung der Bauten hatte das Leben des Königs seinen Sinn verloren. Im Grunde ist der am Beruf eines Monarchen in einer konstitutionellen Monarchie verzweifelte König, der schon 1866 und 1870 an Abdankung dachte, und auch kurz vor seiner letzten Fahrt von Neuschwanstein nach Berg sagte, »gegen Entthronung hätte er nichts, nur für geisteskrank lasse er sich nicht erklären«[256], darüber zugrunde gegangen, daß er allein in »ideal-monarchisch-poetischer Einsamkeit«[257] als Bühne seines Lebens die seinem vielschichtigen Weltbild entsprechende Kunst schaffen wollte. Paul Verlaine hat Ludwig II., der sich weigerte, ein Bürgerkönig zu sein, in einem 1886, anläßlich des ganz Europa erschütternden Todes, geschriebenen Sonett den »einzigen wahren König des Jahrhunderts« genannt:

219 Schloß Berg am Starnberger See, Schauplatz der Tragödie von 1886, Photographie von Joseph Albert.

220 Ludwig II., Totenmaske.

À LOUIS II DE BAVIÈRE

Roi, le seul vrai roi de ce siècle, salut, Sire,
Qui voulûtes mourir vengeant votre raison
Des choses de la politique, et du délire
De cette Science intruse dans la maison,

De cette Science, assassin de l'Oraison
Et du Chant et de l'Art et de toute la Lyre,
Et simplement, et plein d'orgueil en floraison,
Tuâtes en mourant, salut, Roi! bravo Sire!

Vous fûtes un poète, un soldat, le seul Roi
De ce siècle où les rois se font si peu de chose,
Et le Martyr de la Raison selon la Foi.

Salut à votre très unique apothéose,
Et que votre âme ait son fier cortège, or et fer,
Sur un air magnifique et joyeux de Wagner.

Paul Verlaine

Sire, einziger König, würdig des Jahrhunderts Achtung,
Ihr starbt, ein Recht auf Herrschaft, das versagt Euch blieb,
Zu rächen, aber auch des Geists Umnachtung,
Darin Euch solche bittere Erkenntnis trieb.

Erkenntnis mörderisch für Poesie, Gesang,
Die Künste allesamt, Gebete schier,
Und so, in hochgemutem Überschwang
Habt sterbend Ihr getötet. Gruß Euch, Sire!

Ihr wart ein Dichter, ein Kämpfer, ein königliches Blut
In einer Zeit, wo Könige nichts bedeuten als Entehrung,
Ein Märtyrer jenes Rechts, das im Glauben ruht.

Gruß Euch in dieser einzigartigen Verklärung!
Mög Eure Seele wahren ihren strahlend stolzen Flug,
Zu dem Wagners Musik empor sie trug.

Übertragen von Helmut Domke

221

221 Das Leichenbegängnis Ludwigs II. am 19. Juni 1886, der Zug am Gebäude der ehemaligen Pagerie (Karlsplatz), Photographie von Franz Hanfstaengl.

222 Ankunft des Leichenwagens an der Michaelskirche.

223 Ludwig II. auf dem Paradebett in der Residenzkapelle am 16./17. Juni 1886. Der tote König im Ornat des Hubertusritterordens, Photographie von Joseph Albert.

222

Tod des Königs

Über die Aufbahrung des Königs in der alten Residenzkapelle berichtet die Chronik der Stadt München: »In derselben Kapelle, wo Seine Majestät der König Ludwig als Großmeister des Hausritter-Ordens vom Heiligen Georg in der reichen burgundischen Tracht in früheren Jahren in seiner ganzen männlichen Schönheit den bezaubernsten Eindruck hervorrief ... liegt der unglückliche Monarch hoch aufgebahrt ... Auf jeder Seite halten drei Hartschiere in Gala, die schwere Hellebarde in der Rechten, Generaladjutanten und Georgiritter die Totenwache – und in dem schwarzen Sarge ruht der König aus von dem schweren Leiden, das ihn in den Tod getrieben; ein leichter Schmerzenszug in dem bleichen Gesicht, das allen, die ihn in seiner Jugendschöne gesehen, sehr verändert erscheinen muß, ist unverkennbar. Der Leichnam ist angetan mit der schwarzen Tracht des Großmeisters des hohen Hausordens vom heiligen Hubertus und unterbreitet mit dem Ordensmantel, dessen weißes Altasfutter in schillernden Falten über den Sarg hinausquellend auf den Hermelin fällt. Die linke Hand hält ausgestreckt das altertümliche Schwert, während die Rechte jenen kleinen, von der österreichischen Kaiserin in Feldafing selbst gepflückten Strauß weißer Jasminblüten auf die Brust drückt.

Seit bekannt geworden war, daß der Eintritt in die Residenz von heute früh ab gestattet sein würde, zog das Publikum in ganzen, dichten Scharen dorthin, um den geliebten König, den man im Leben so selten zu Gesicht bekommen hat, noch einmal, zum letzten Male zu sehen. In der Residenzstraße war zeitweilig an ein Durchkommen gar nicht zu denken; zu Hunderten und Tausenden standen die Leute vor dem Portal und warteten, bis der Torflügel sich wieder einmal öffnen und einer neuen Gruppe Einlaß gewähren sollte.«

223

Anmerkungen

Abkürzungen:

Bürkeliana = Bürkeliana, Handschriftenabteilung der Bayerischen Staatsbibliothek.

Evers = Hans Gerhard Evers, Herrenchiemsee, in Tod, Macht und Raum, München 1939.

GHA = Geheimes Hausarchiv

Hommel = Kurt Hommel, Die Separatvorstellungen vor König Ludwig II. von Bayern, München 1963.

Korr. Bürkel = Korrespondenz des Hofsekretärs Ministerialrat Ludwig von Bürkel, 1879-1882. Ludwig II-Museum.

Korr. Düfflipp = Korrespondenz des Hofsekretärs Hofrat Lorenz von Düfflipp, 1869-1878. Ludwig II-Museum.

Kobell = Luise von Kobell, König Ludwig II. von Bayern und die Kunst, 2. Aufl. München 1906.

Röckl = Sebastian Röckl, Ludwig II. und Richard Wagner, erster Teil, die Jahre 1864 und 1865, 2. Aufl. München 1913. Zweiter Teil, die Jahre 1866 bis 1883, München 1920.

Strobel I-V = Otto Strobel, König Ludwig II. und Richard Wagner, Briefwechsel in fünf Bänden, Karlsruhe 1936-39.

1 Tagebuch-Aufzeichnungen von Ludwig II., König von Bayern, hrsg. Edir Grein (Riedinger), Schaan/Liechtenstein 1925, S. 3.
2 Ludwig II. an Wagner, 8. Aug. 1865. Strobel I, S. 142.
3 Brief Wagners an Peter Cornelius vom 8. April 1864, in: R. Wagner an Freunde und Zeitgenossen, hrsg. von Erich Kloß, Leipzig 1912, S. 372/73.
4 Wagner an Ludwig II., 3. Mai 1864. Strobel I, S. 11.
5 Ludwig II. an Wagner, 5. Mai 1864. Strobel I, S. 11.
6 Brief Wagners an Eliza Wille v. 4. Mai 1864, in: Eliza Wille, 15 Briefe Richard Wagners, 3. Aufl. München-Berlin 1935, S. 122.
7 Brief Wagners an Mathilde Mayer v. 18. Mai 1864, nach Strobel I, S. XXXVI.
8 Bericht des Legationssekretärs Leinfelder an Ministerialrat O. v. Völderndorff, nach Röckl I, S. 23/24, Anm. 2.
9 Röckl II, S. 146.
10 Ludwig II. an Wagner, 1. Febr. 1865. Strobel I, S. 54.
11 Ludwig II. an Wagner, 8. Nov. 1864. Strobel I, S. 36.
12 Offener Brief Wagners an Friedrich Uhl, vollst. zit. bei Röckl I, S. 127/29.
13 Brief Josephine Kaulbachs v. 30. Mai 1865. Strobel I, S. XLVIII.
14 Wagner an Ludwig II., 13. Juni 1865. Strobel I, S. 106.
15 Progrès de Lyon, nach Röckl I, S. 167.
16 Ludwig II. an Wagner, 18. Aug. 1872. Strobel III, S. 7.
17 Ludwig II. an Wagner, 8. Dez. 1865, Strobel I, S. 238.
18 Ludwig II. an C. von Bülow, 2. Jan. 1866. Strobel I, S. 253.
19 Ludwig II. an Wagner, 13. Juni 1866. Strobel II, S. 61.
20 Ludwig II. an Wagner, 18. Juli 1866. Strobel II, S. 73.
21 Wagner an Ludwig II., 24. Juli 1866. Strobel II, S. 79.
22 Wagner an Ludwig II., 24. Juli 1866. Strobel II, S. 79.
23 Ludwig II. an Wagner, 6. Dez. 1866. Strobel II, S. 108.
24 Ludwig II. an Wagner, 14. Jan. 1867. Strobel II, S. 131.
25 Telegramm Ludwigs II. an Wagner vom 22. Jan. 1867. Strobel II, S. 138.
26 Kemptener Zeitung, zit. nach Röckl II, S. 64/65.
27 Wagner an Ludwig II., 14. Okt. 1868. Strobel II, S. 245.
28 Ludwig II. an Wagner, 26. Nov. 1864. Strobel I, S. 39.
29 Wagner, sämtliche Schriften und Dichtungen, Leipzig 1916, Bd. VI, S. 273.
30 Ebenda Bd. VIII, S. 131.
31 Wagner an Ludwig II., 13. Sept. 1865. Strobel I, S. 177.
32 Ludwig II. an Wagner, 16. Sept. 1865. Strobel I, S. 182.
33 Ludwig II. an Wagner, 15. Jan. 1866. Strobel I, S. 284.
34 Semper an Wagner, 4. Febr. 1867. Strobel V, S. 59.
35 Vgl. E. Stemplinger, Richard Wagner in München 1864-1870. Legende und Wirklichkeit, München 1933, S. 78ff.
36 M. Semper, Das Münchner Festspielhaus, Hamburg 1906, S. 19.
37 C. M. Cornelius, Ausgewählte Briefe, Leipzig 1904/05, Bd. II, S. 257.
38 Wagner an Düfflipp, 1. u. 11. Mai 1871, GHA 55/5/54 d.
39 Wie das Folgende nach Röckl I, S. 23ff.
40 Nach Röckl I, S. 25.
41 Röckl I, S. 25/26.
42 Telegramm Ludwigs II. an Wagner vom 2. Febr. 1867. Strobel II, S. 141.
43 Ludwig II. an Wagner, 5. März 1867. Strobel II, S. 149.
44 Nach Röckl II, S. 35.
45 Wagner an Ludwig II., 12. Juni 1867. Strobel II, S. 177.
46 Wagner an Ludwig II., 28. Juni 1865. Strobel I, S. 111.
47 Ludwig II. an Wagner, 13. Mai 1868. Strobel II, S. 224-25.
46 Ludwig II. an Cosima von Bülow, Hohenschwangau, 29. August 1867. GHA 55/5/54 m.
49 Ludwig II. an Wagner, 19. Okt. 1867. Strobel II, S. 196.
50 Ludwig II. an Wagner, 12. Juli 1867. Strobel II, S. 184.
51 Ludwig II. an Wagner, 27. Aug. 1867. Strobel II, S. 192.
52 Heinrich Kreisel, Schloß Hohenschwangau, München 1953, S. 5.
53 Ludwig II. an Wagner, 16. Nov. 1865. Strobel I, S. 213.
54 Aquarell mit eigenhändiger Widmung »Zur freundlichen Erinnerung an den 11. November 1865 von Ihrem treuen Ludwig.«
55 GHA Hauptrechnung 1863-64.
56 Ludwig II. an Wagner, 24./25. Dez. 1880. Strobel III, S. 760.
57 Chronik von Hohenschwangau, Ms. im Besitz des Wittelsbacher Ausgleichsfonds.
58 Albert Duss, Katalog der Kunstgegenstände ... aus dem von Herrn Commerzienrat Geo Ehni erworbenen berühmten Nachlaß, Stuttgart 1888.
59 Ludwig II. an Wagner, 24. Nov. 1864. Strobel I, S. 222.
60 Wagner an Ludwig II., 28. Mai 1868.
61 Nach Röckl II, S. 33-34.
62 Ludwig II. an Cosima von Bülow, Soiern bei d. Riß, 8. Aug. 1867. GHA 55/5/54 m.
63 Registratur der Bayer. Schlösserverwaltung. – Zit. bei Heinrich Kreisel, Die Schlösser Ludwigs II. von Bayern, Darmstadt 1954, S. 71.
64 Ziegler an Bürkel, Hohenschwangau, 17. Nov. 1881. Korr. Bürkel.
65 S. S. 34.
66 Hornig an Bürkel, Linderhof, 26. Jan. 1878. Bürkeliana 38.
67 Kobell, S. 337.
68 Hornig an Bürkel, Hohenschwangau, 2. Febr. 1880 mit einfacher Skizze Hornigs. Bürkeliana 38.
69 Hartmann an Düfflipp, Berg, 28. Mai 1869. Korr. Düfflipp.
70 Album mit Aquarellen Schwinds im Besitz des Wittelsbacher Ausgleichsfonds; mehrere Blätter abgebildet bei Kobell, S. 200ff.
71 S. S. 34.
72 Welker an Bürkel, 5. April 1879. Korr. Bürkel.
73 Ludwig II. an Wagner, 24. Jan. 1882, Strobel III, S. 232.
74 Wagner an Ludwig II., 21. Juli 1865. Strobel I, S. 130.
75 Ludwig II. an Wagner, 25. Juli 1865. Strobel I, S. 133.
76 Korrespondenz über das Gemälde in den Bürkeliana.
77 Mayr an Bürkel, Hohenschwangau, 3. Febr. 1882. Korr. Bürkel.
78 Ludwig II. an Cosima von Bülow, 5. März 1866. GHA 55/5/54 m.
79 Siegler an Bürkel, Berg, 12. Okt. 1877. Korr. Bürkel.
80 Ludwig II. an Wagner, 14. Jan. 1867. Strobel II, S. 132.
81 Hornig an Düfflipp, Hohenschwangau, 15. Dez. 1875. Korr. Düfflipp.
82 Walter an Düfflipp, Hohenschwangau, 6. Dez. 1875. Korr. Düfflipp.
83 Walter an Düfflipp, 21. und 23. April 1876. Korr. Düfflipp.
84 Hornig an Düfflipp, Hohenschwangau, 13. Jan. 1876; Walter an Düfflipp, 20. Februar 1876; Hornig an Düfflipp, Linderhof, 5. März 1876. Korr. Düfflipp.
85 Hornig an Düfflipp, Linderhof 5. März 1876. Korr. Düfflipp.
86 Walter an Düfflipp, München, 16. März 1876. Korr. Düfflipp.
87 Walter an Düfflipp, Linderhof, 16. Sept. 1876. Korr. Düfflipp.
88 Zanders an Düfflipp, Linderhof, 18. Okt. 1876. Korr. Düfflipp.
89 Hornig an Düfflipp, Brunnenkopf, 10. Juli 1876. Korr. Düfflipp.
90 Hornig an Düfflipp, Linderhof, 2. Jan. 1876; Walter an Düfflipp, Hohenschwangau, 3. Jan. 1876. Korr. Düfflipp.
91 Hornig an Düfflipp, Hohenschwangau, 14. Jan. 1876. Korr. Düfflipp.
92 Hornig an Düfflipp, Linderhof, 23. Jan. 1876. Korr. Düfflipp.
93 Walter an Düfflipp, Linderhof, 18. Aug. 1876. Korr. Düfflipp.
94 Hornig an Düfflipp, Linderhof, 23. Okt. 1876. Korr. Düfflipp.
95 GHA Hauptrechnung 1877, Nr. 1084.
96 Beschriftung eines Grundrisses der Venusgrotte, Ludwig II. und die Kunst, Kat. Nr. 893.
97 S. Zitat S. 76.
98 Hornig an Düfflipp, Berg, 7. Juli 1876. Korr. Düfflipp.
99 Hornig an Düfflipp, Brunnenkopf, 8. Juni 1876. Korr. Düfflipp.
100 Laut »Bericht über den Gesundheitszustand Seiner Majestät des Königs Ludwig II. von Bayern«, München, 8. Juni 1886, publ. in: Tagebuchaufzeichnungen, hrsg. Edir Grein (Riedinger), Schaan/Liechtenstein 1925, S. 143.
101 Hornig an Düfflipp, Linderhof, 3. März 1876. Korr. Düfflipp.
102 Hornig an Düfflipp, Berg, 13. Mai 1876. Korr. Düfflipp.
103 Hornig an Düfflipp, Partenkirchen, 27. Okt. 1876. Korr. Düfflipp.
104 Leipziger Illustrirte Zeitung, Bd. 36, Jan./Juni 1861, S. 330.
105 S. S. 161.
106 Hornig an Düfflipp, Hohenschwangau, 13. Nov. 1876. Korr. Düfflipp.
107 Walter an Düfflipp, Hohenschwangau, 27. Jan. 1877. Korr. Düfflipp.
108 GHA Hauptrechnung 1877, Nr. 861, 909.
109 Hornig an Bürkel, 19. März 1878. Bürkeliana 38.
110 Stoeger an Bürkel, Linderhof, 26. März 1878, Hornig an Bürkel, Linderhof, 19. März 1878. Bürkeliana 38.
111 GHA Hauptrechnung 1880, Nr. 590.
112 GHA Hauptrechnung 1880, Nr. 592. Einer dieser Dynamos jetzt im Deutschen Museum. König Ludwig II. und die Kunst, Kat. Nr. 907.
113 Hornig an Bürkel, 7. und 8. März 1878, Bürkeliana 38.
114 Kobell, S. 106.
115 Welker an Bürkel, Linderhof, 24. Mai 1879. Korr. Bürkel.
116 Welker an Bürkel, Linderhof, 12. Aug. 1879. Korr. Bürkel.
117 Otto Stoeger an Bürkel, Linderhof, 9. Aug. 1880. Korr. Bürkel.
118 Ludwig II. an Bürkel, Linderhof, 30. Jan. 1880. Bürkeliana 34, Nr. 23.
119 Welker an Bürkel, Linderhof, 27. Mai 1880. Korr. Bürkel.
120 Mayr an Bürkel, Linderhof, 21. Juni 1882. Korr. Bürkel.
121 Hornig an Bürkel, 6. Jan. 1881. Bürkeliana 38.
122 Wagner an Ludwig II., 25. Nov. 1865. Strobel I, S. 225.
123 Dazu Illustration nach Zeichnung von Robert Assmus in: Gartenlaube, 1886, S. 648-49.
124 Kobell, S. 105-106. – Ein erster Bericht über die Grotte und die übrigen Bauten in Linderhof: »Die Zauberwelt des Königs von Bayern« im Mannheimer Tagblatt, 18. Nov. 1881, Nr. 270 (Bürkeliana 31).
125 Bericht v. Zieglers, 5. Juni 1866. GHA 36/1/3.
126 Wagner, sämtliche Schriften und Dichtungen, Leipzig 1916, Bd. VI, S. 281.
127 Ludwig II. an Cosima von Bülow, 14. Nov. 1865. Strobel I, S. LXXIV.
128 Bericht Ludwigs II. an seine spätere Braut Sophie Charlotte in Bayern, Strobel I, S. XXXV.
129 Abdruck des Vertrags bei Röckl II, S. 210/12.
130 Wagner an Ludwig II., 13. Sept. 1865. Strobel I, S. 178.
131 Wagner an Ludwig II., 28. Juni 1865. Strobel I, S. 112.
132 Ludwig II. an Hans von Bülow, 18. März 1868. Handschriftenabteilung der Bayer. Staatsbibliothek
133 Wagner an Düfflipp, 5. Febr. 1868. GHA 55/5/54 d.
134 Ludwig II. an Wagner, 10. Febr. 1869. Strobel II, S. 255.
135 Ludwig II. an Wagner, Nov. 1869. Strobel II, S. 290.
136 Wagner an Ludwig II., 20. Nov. 1869. Strobel II, S. 292.
137 Röckl II, S. 116/17.
138 Wagner an Ludwig II., 1. März 1871. Strobel II, S. 318.
139 Ludwig II. an Wagner, 25. Jan. 1874. Strobel III, S. 29.
140 Wagner an Düfflipp, 1. Mai 1871. Strobel III, S. XIV.
141 Walter an Düfflipp, Linderhof, 17. Aug. 1876. Korr. Düfflipp.
142 Ludwig II. an Wagner, 21. April 1881. Strobel III, S. 207.
143 Eisenhart an Düfflipp, München, 13. April 1876. Korr. Düfflipp.
144 Walter an Düfflipp, Linderhof, 17. Aug. 1876. Korr. Düfflipp.
145 Hornig an Düfflipp, Linderhof, 23. Okt. 1876. Korr. Düfflipp.

146 *Kobell, S. 110.*
147 *Ludwig II. an Wagner, 10. Juli 1871. Strobel II, S. 325.*
148 *Ludwig II. an Wagner, 23. Febr. 1869, Strobel II, S. 256.*
149 *Ludwig II. an Wagner, 21. Juni 1867, Strobel II, S. 178.*
150 *Lila von Bulyowsky an Ludwig II., 20. Aug. 1868. GHA 55/4/52.*
151 *Oppenheim, in: Fränkischer Kurier, 26. Juli 1906, Nr. 377.*
152 *Ludwig II. an Wagner, 30. Aug. 1877. Strobel III, S. 110.*
153 *Kobell, S. 110.*
154 *Strobel I, S. LIX.*
155 *Strobel I, S. LX.*
156 *Ludwig II. an Wagner, 5. Sept. 1865. Strobel I, S. 169.*
157 *Ludwig II. an Wagner, 24. Okt. 1880. Strobel III, S. 185.*
158 *Hermann Levi an Ludwig II., 29. April 1885. GHA 55/4/51.*
159 *Seif an Düfflipp, Hohenschwangau 30. Juli 1876. Korr. Düfflipp.*
160 *Kreisel, Ludwig II. als Bauherr.*
161 *Lipowsky an Düfflipp, 20. April 1869. Korr. Düfflipp.*
162 *Nach Kreisel, Die Schlösser Ludwigs II., S. 86.*
163 *Ludwig II. an Wagner, 19. Aug. 1865. Strobel I, S. 153.*
164 *Ernst v. Possart, Erstrebtes und Erlebtes, Berlin 1916, S. 256f.*
165 *Ludwig II. an Wagner, 26. März 1880. Strobel III, S. 170.*
166 *In dem grundlegenden Buch von Hommel sind weder diese Korrespondenz noch die vielen Bühnenbildentwürfe des Ludwig II-Museums berücksichtigt.*
167 *Ludwig II. an Wagner, 21. Juni 1873. Strobel III, S. 17.*
168 *Walter an Düfflipp, Hohenschwangau, 2. Dez. 1872. Korr. Düfflipp.*
169 *Hornig an Düfflipp, Partenkirchen, 27. Okt. 1876. Korr. Düfflipp.*
170 *Heigel an Düfflipp, München, 1. Nov. 1878. Korr. Düfflipp.*
171 *Heigel an Ludwig II., 30. Dez. 1883. GHA 55/4/51.*
172 *Welker an Düfflipp, Schachen, 23. Sept. 1879. Korr. Düfflipp.*
173 *Hornig an Düfflipp, Hohenschwangau, 21. Juli 1874. Korr. Düfflipp.*
174 *Huber an Bürkel, 10. Mai 1879. Korr. Bürkel.*
175 *Hornig an Düfflipp, Herzogstand, 22. Mai 1872. Korr. Düfflipp.*
176 *Hornig an Düfflipp, Berg, 3. Okt. 1875. Korr. Düfflipp.*
177 *Hornig an Düfflipp, Berg, 12. Mai 1875. Korr. Düfflipp.*
178 *Ernst von Possart an Ludwig II., 6. Mai 1885. GHA 55/4/51.*
179 *Zit. nach Hommel, S. 33/34.*
180 *Ludwig II. an Wagner, 7. März 1878. Strobel III, S. 118.*
181 *Walter an Düfflipp, Hohenschwangau, 7. Jan. 1876. Korr. Düfflipp.*
182 *Hornig an Düfflipp, Linderhof, 19. Dez. 1872. Korr. Düfflipp.*
183 *Hartmann an Düfflipp, Linderhof, 19. Okt. 1872. Korr. Düfflipp.*
184 *Hornig an Düfflipp, Linderhof, 19. Dez. 1872. Korr. Düfflipp.*
185 *Hornig an Düfflipp, Hohenschwangau, 25. Jan. 1874. Korr. Düfflipp.*
186 *Hornig an Düfflipp, Linderhof, 30. Jan. 1874. Korr. Düfflipp.*
187 *Siegler an Düfflipp, Hohenschwangau, 4. Aug. 1878. Korr. Düfflipp.*
188 *Ludwig II. an Düfflipp, 2. Nov. 1871. Korr. Düfflipp.*
189 *Walter an Düfflipp, Linderhof, 17. Aug. 1872. Korr. Düfflipp.*
190 *Walter an Düfflipp, Hohenschwangau, 30. Dez. 1875. Korr. Düfflipp.*
191 *Katalog der Versteigerung bei Albert Duss, Stuttgart 1888.*
192 *Hornig an Düfflipp, Berg, 1. Juli 1874. Korr. Düfflipp.*
193 *Hornig an Düfflipp, Hohenschwangau, 13. Jan. 1876. Korr. Düfflipp.*
194 *Hartmann an Düfflipp, 2. Juli 1872. Korr. Düfflipp.*
195 *Walter an Düfflipp, Berg, 26. Juni 1873. Korr. Düfflipp.*
196 *Hartmann an Düfflipp, Berg, 6. Sept. 1872. Korr. Düfflipp.*
197 *Bemerkung auf Entwurf, Ludwig II. und die Kunst, Kat. Nr. 471.*
198 *Bemerkung auf Entwurf, Ludwig II. und die Kunst, Kat. Nr. 473.*
199 *Welker an Bürkel, 24. April 1879. Korr. Bürkel.*
200 *Hornig an Düfflipp, 29. Aug. 1870. Korr. Düfflipp.*
201 *Hornig an Düfflipp, 29. Aug. 1870. Korr. Düfflipp.*
202 *Hornig an Düfflipp, Schlux, 5. Jan. 1872. Korr. Düfflipp.*
203 *Hornig an Düfflipp, Hohenschwangau, 16. Nov. 1873. Korr. Düfflipp.*
204 *Ludwig II. an Alfred Graf Eckbrecht von Dürckheim-Montmartin, Riß, 27. Okt. 1874 (Brief in Privatbesitz).*
205 *Ludwig II. an Wagner, 3. Jan. 1872. Strobel III, S. 335.*
206 *Bericht Bürkels 1879. Bürkeliana.*
207 *Mayr an Bürkel, Chiemsee, 29. Sept. 1881. Korr. Bürkel.*
208 *Evers, S. 249.*
209 *Hornig an Düfflipp, Hohenschwangau, 1. Dez. 1873. Korr. Düfflipp.*
210 *Welker an Bürkel, 12. Febr. 1879. Korr. Bürkel.*
211 *Welker an Bürkel, Kainzen, 12. Juli 1879. Korr. Bürkel.*
212 *Hornig an Düfflipp, 20. Aug. 1873. Korr. Düfflipp. Über die Aufführung s. auch Hommel, S. 71/72.*
213 *Mayr an Bürkel, 13. Aug. 1881. Korr. Bürkel.*
214 *Erinnerungen des Malers Carl Schultheiß (1852-1944). Ms. in Privatbesitz.*
215 *Lithographie in: Gartenlaube 1886, S. 561.*
216 *Erinnerungen des Malers Carl Schultheiß. Ms. in Privatbesitz.*
217 *Tagebuch Zettlers in einem Nachdruck der Firma Zettler.*
218 *Ein Grundriß des Hauptgeschosses von Versailles nach F. Blondel, Architecture Françoise, mit Anweisungen für den Photographen im Ludwig II-Museum. Ludwig II. und die Kunst, Kat. Nr. 750.*
219 *Hornig an Düfflipp, Linderhof, 3. März 1876. Korr. Düfflipp.*
220 *Hornig an Düfflipp, 21. Mai 1873. Korr. Düfflipp.*
221 *Hornig an Düfflipp, 11. Nov. 1873. Korr. Düfflipp.*
222 *Korr. Düfflipp, 20. Juni 1870.*
223 *Korr. Düfflipp, 20. Sept. 1871.*
224 *Kreisel, Die Schlösser Ludwigs II., S. 55.*
225 *Mayr an Bürkel, Hohenschwangau, 29. Dez. 1882. Korr. Bürkel.*
226 *Evers, S. 266.*
227 *Walter an Düfflipp, Linderhof, 14. Sept. 1873. Korr. Düfflipp.*
228 *Welker an Bürkel, 6. Mai 1879. Korr. Bürkel.*
229 *Welker an Bürkel, Linderhof, 1. Juni 1879. Korr. Bürkel.*
230 *Welker an Bürkel, Linderhof, 24. Mai 1879, Korr. Bürkel.*
231 *Hornig an Düfflipp, Hohenschwangau, 3. Aug. 1875. Korr. Düfflipp.*
232 *Mayr an Bürkel, Pürschling, 18. Okt. 1881. Korr. Bürkel.*
233 *Mayr an Bürkel, Chiemsee, 29. Sept. 181. Korr. Bürkel.*
234 *Mayr an Bürkel, Hohenschwangau, 3. Juni 1882. Korr. Bürkel.*
235 *Welker an Bürkel, 3. Juni 1889, Korr. Bürkel.*
236 *Bericht Düfflipps vom 5. Jan. 1876, GHA 57/5/142/22.*
237 *Evers, S. 251.*
238 *Bericht Bürkels von 1879. Bürkeliana.*
239 *Ludwig II. an Wagner, 15. Juni 1870. Strobel II, S. 310.*
240 *Münchner Allgemeine Zeitung vom 19. Nov. 1881, zit. nach Hommel, S. 188.*
241 *Korr. Düfflipp, 3. März, 18. Mai, 11. Nov., 11. Dez., 1876.*
242 *Münchner Allgemeine Zeitung vom 25. April 1893, zit. nach Hommel, S. 129.*
243 *Oppenheim, in: Fränkischer Kurier vom 26. Juli 1906, Nr. 377.*
244 *Adalbert Prinz von Bayern, Als die Residenz noch Residenz war, München 1967, S. 320/21.*
245 *Kobell, S. 447/48.*
246 *Hornig an Düfflipp, Brunnenkopf, 10. Juni 1876. Korr. Düfflipp.*
247 *Dollmann an Düfflipp, Paris, 10. Nov. 1878. Korr. Düfflipp.*
248 *Siegler an Düfflipp, Schachen, 29. Sept. 1878. Korr. Düfflipp.*
249 *Kobell, S. 110.*
250 *Ludwig II. an Wagner, 1. März 1882, Strobel III, S. 233.*
251 *Kreisel, Ludwig II. als Bauherr, S. 73.*
252 *Bericht v. Zieglers, 5. Juni 1886. GHA 36/1/3.*
253 *Hornig an Düfflipp, Berg, 11. Okt. 1870. Korr. Düfflipp.*
254 *Ludwig II. an Hesselschwert, Berg, 11. Mai 1886, zit. nach Tagebuch-Aufzeichnungen von Ludwig II., König von Bayern, hrsg. Edir Grein (Riedinger), Schaan/Liechtenstein 1925, S. 153.*
255 *Verhandlungen der Kammer der Abgeordneten des bayerischen Landtages im Jahre 1885/86. Stenographische Berichte Bd. 6. München 1886, S. 771.*
256 *Notiz Bürkels über eine Unterredung mit Almasberger, Bürkeliana, Nr. 29.*
257 *Ludwig II. an Wagner, 3. Jan. 1872. Strobel II, S. 335.*

Quellennachweis für Randzitate:

S. 9: Hacker, S. 20, 21; *S. 12:* Hacker, S. 238; *S. 19:* Hacker, S. 137, 146, 149; *S. 21:* Böhm, S. 388, 391; *S. 31:* Hacker, S. 28; *S. 33:* Hacker, S. 27; *S. 97:* Grein, Tagebuchaufzeichnungen, S. 95/97; *S. 98, 99:* Böhm, S. 466ff., 471; *S. 104, 105:* GHA 36/1/3; *S. 123:* GHA 36/1/3; *S. 125:* Hacker S. 222, 225f.; *S. 137:* Kobell Ausg. 1906, S. 149f.; *S. 138, 139:* GHA 51/1/66; *S. 168:* Hacker S. 216f.; *S. 186:* Hacker, S. 428f.

Personenregister

Kursivziffern verweisen auf Abbildungen

Literaturverzeichnis

BACHMAYER, MONIKA, Schloß Linderhof, Architektur, Interieur und Ambiente einer königlichen Villa, Diss. München 1973.

BAYERN, ADALBERT PRINZ VON, Als die Residenz noch Residenz war, München 1967.

BLUNT, WILFRID, The Dream King, London 1970. Deutsche Ausgabe: König Ludwig II. von Bayern, München 1970 (mit Beitrag von M. Petzet, Ludwig and the arts/König Ludwig II. und die Kunst).

BÖHM, GOTTFRIED VON, Ludwig II., König von Bayern, sein Leben und seine Zeit. Berlin 1922, 2. Aufl. Berlin 1924.

DAHN, FELIX, Erinnerungen, Buch 4, Abt. 2 (1871-1888), Leipzig 1895.

EVERS, HANS GERHARD, Herrenchiemsee, in: Tod, Macht und Raum, München 1939, S. 199-282, 2. Aufl. München 1970.

GECK, MARTIN, Die Bildnisse Richard Wagners, München 1970.

GLASENAP, CARL FRIEDRICH, Das Leben Richard Wagners, 6 Bde., Leipzig 1908-1923.

GREIN, EDIR (Hrsg.), Tagebuchaufzeichnungen v. Ludwig II., König von Bayern, Schaan/Liechtenstein 1925.

HACKER, RUPERT, Ludwig II. von Bayern in Augenzeugenberichten, Düsseldorf 1966.

HEINDL, KARIN UND HANNES, Ludwigs heimliche Residenzen am Walchensee: Hochkopf, Herzogstand, Vorderriß. München 1974.

HIERNEIS, THEODOR, Aus meiner Lehrzeit in der Hofküche König Ludwig II. von Bayern, München 1940.

– Der König speist, München 1953.

HOJER, GERHARD, Schloß Linderhof, amtlicher Führer, München 1974.

– Schloß Herrenchiemsee – Monument des absoluten Königtums, in: Bayern, Sonderheft ›100 Jahre Herrenchiemsee‹, 1978, S. 2-6.

– UND JERVIS, SIMON, u.a., Designs for the Dream King, the Castles and Palaces of Ludwig II of Bavaria, Katalog der Ausstellung im Victoria and Albert Museum, London, 1978.

HOMMEL, KURT, Die Separatvorstellungen vor König Ludwig II. von Bayern, München 1963.

KNOPP, NORBERT, Gestalt und Sinn der Schlösser Ludwigs II., in: Argo, Festschrift für Kurt Badt, Köln 1970.

KOBELL, LUISE VON, Unter den vier ersten Königen Bayerns, 2 Bde. München 1894.

– König Ludwig II. von Bayern und die Kunst, München 1898, 2. Aufl. 1906.

KREISEL, HEINRICH, König Ludwig II-Museum in Schloß Herrenchiemsee, amtlicher Führer, München 1926.

– Prunkwagen und Schlitten, Leipzig 1927.

– Katalog der Deutschen Theaterausstellung in Magdeburg 1927, Richard-Wagner-Saal.

– Herrenchiemsee, Neues Schloß und König Ludwig II-Museum. 1. Aufl. München 1929.

– Schloß Linderhof, amtlicher Führer, 1. Aufl. München 1930.

– Schloß Neuschwanstein, amtlicher Führer, 1. Aufl. München 1933.

– Schloß Hohenschwangau, München 1953.

– Die Schlösser Ludwigs II. von Bayern, Darmstadt 1955.

– Ludwig II. als Bauherr, in: Oberbayerisches Archiv, Bd. 87, München 1965, S. 69 bis 87.

LINNENKAMP, ROLF, Die Schlösser und Projekte Ludwigs II., München 1977.

LOUIS II DE BAVIÈRE, L'art et le rêve, Katalog der Ausstellung der Banque Bruxelles Lambert, Brüssel 1977.

MÜNSTER, ROBERT, König Ludwig II. und die Musik, München 1980.

PERFALL, KARL FREIHERR VON, Ein Beitrag zur Geschichte der königlichen Theater in München, München 1894.

PETZET, DETTA UND MICHAEL, Die Richard Wagner-Bühne Ludwigs II., München 1970.

PETZET, MICHAEL, Linderhof und Herrenchiemsee, in: Bayerland, 68. Jg., München 1966, S. 21-35.

– König Ludwig II. und die Kunst, Katalog, Ausstellung München, Residenz 1968.

– Neues Schloß Herrenchiemsee, amtlicher Führer, München 1969.

– Schloß Neuschwanstein, amtlicher Führer, München 1970.

– L'architecture comme décor du théâtre dans l'art de Louis II, Roi de Bavière, in: Gazette des Beaux Arts, 1970, p. 209-236.

– Ludwig II and the arts, in: Wilfrid Blunt, The Dream King, London 1970.

– König Ludwig II. und die Kunst, in: Wilfrid Blunt, König Ludwig II. von Bayern, München 1970.

– UND RALL, HANS, König Ludwig II., München 1968, 6. Aufl. 1980.

PHILIPPI, FELIX, Ludwig II. und Joseph Kainz, Berlin 1913.

POSSART, ERNST VON, Die Separatvorstellungen vor König Ludwig II., München 1902.

RALL, HANS, Bismarcks Reichsgründung und die Geldwünsche aus Bayern, in: Zeitschrift für bayer. Landesgeschichte 1959.

– Bayern und die Entscheidung des Jahres 1866, in: Bayer. Verwaltungsblätter VIII, 1966.

– UND PETZET, MICHAEL, König Ludwig II., München 1968, 6. Aufl. 1980.

RANKE, WINFRIED, Joseph Albert – Hofphotograph der Bayerischen Könige, München 1977.

RAUCH, ALEXANDER, Schloß Herrenchiemsee, Entstehungsgeschichte und Wesensbestimmung seiner Architektur, Diss. München 1976.

– Königreich vor Sonnenaufgang, Gedanken zu Sinn und Symbolik in der Architektur Schloß Herrenchiemsees, in: Bayern, Sonderheft ›100 Jahre Herrenchiemsee‹, 1978, S. 7-18.

RICHTER, WERNER, Ludwig II., König von Bayern, 2. Aufl. München 1950.

RÖCKL, SEBASTIAN, Ludwig II. und Richard Wagner, erster Teil, die Jahre 1864 und 1865, 2. Aufl. München 1913. Zweiter Teil, die Jahre 1866 bis 1883, München 1920.

RUSS, SIGRID, Die Ikonographie der Wandmalereien in Schloß Neuschwanstein, Diss. Heidelberg, 1974.

– Bayerische Königsschlösser, München 1977.

SAILER, ANTON, Bayerns Märchenkönig, das Leben Ludwigs II. in Bildern, München 1961.

SEMPER, MANFRED, Das Münchner Festspielhaus, Gottfried Semper und Richard Wagner, Hamburg 1906.

STEMPLINGER, EDUARD, Richard Wagner in München 1864-1870, Legende und Wirklichkeit, München 1933.

STROBEL, OTTO, König Ludwig II. und Richard Wagner, Briefwechsel in 5 Bden., Karlsruhe 1936-39.

TROST, LUDWIG, Aus dem wissenschaftlichen und künstlerischen Leben Bayerns, München 1887.

TSCHOEKE, JUTTA, Neuschwanstein, Planungs- und Baugeschichte eines königlichen Burgbaus im ausgehenden 19. Jahrhundert, Diss. München 1975.

WAGNER, RICHARD, Sämtliche Schriften und Dichtungen, 16 Bde., Leipzig 1916.

WOLF, GEORG JACOB, König Ludwig II. und seine Welt, München 1926.

Abbildungsnachweise

Sämtliche Farbtafeln von Werner Neumeister, München, mit Ausnahme von Taf. 40 (Bertram-Luftbild, München-Riem Freigabe R Eg. v. Obb. G 4/2995), 23, 25 (Bayerische Verwaltung der staatl. Schlösser, Gärten und Seen).

Sämtliche Schwarz-Weiß-Abbildungen Bayerische Verwaltung der staatl. Schlösser, Gärten und Seen (König Ludwig II-Museum) mit Ausnahme der folgenden Abbildungen:
Theatermuseum München, Abb. 25, 28, 40, 47, 181.
Franz Hanfstaengl (›Collection Hanfstaengl München‹), Abb. 49, 51-53, 58, 61, 82-87, 197 bis 203.
Privatarchiv, Abb. 59, 165.

Detaillierte Angaben zu Maßen und Technik, Beschriftungen, Inventarnummern usw. der abgebildeten Entwürfe und Modelle finden sich unter den (in Klammern angegebenen) Nummern der folgenden Kataloge:
Michael Petzet, König Ludwig II. und die Kunst, Katalog der Ausstellung in der Münchner Residenz 1968:
Taf. 2 (1), 23 (895), 25 (896), 66 (387), 67 (898), 68 (165), 69 (163)
Abb. S. 5 (803), Abb. 1 (65), 8 (69), 13 (110), 14 (111), 15 (100), 26 (138), 27 (143), 41 (154), 42 (187-189), 43 (190-192), 46 (181), 48 (220), 64 (149), 65 (195), 66 (198), 67 (211), 68 (212), 69 (265), 70 (193), 71 (194), 72 (197), 73 (324), 74 (169), 75 (301), 76 (306), 77 (316), 78 (266), 79 (245), 80 (269), 81 (232), 88 (183), 90 (906), 91 (891), 92 (892), 93 (902), 94 (903), 95 (899), 96 (905), 101 (7), 102 (332), 103 (334), 104 (339), 105 (340), 107 (817), 110 (349), 111 (8), 112 (348), 113 (341), 117 (374), 119 (359), 120) (386), 120 (367), 121 (368), 122 (371), 123 (382), 126 (408), 127 (412), 130 (405), 131 (403), 134-136 (392-394), 141 (428), 144 (327), 145 (559), 146 (423), 147 (572), 148 (610), 149 (390), 150 (588), 151 (583), 152 (567), 155 (477), 156 (471), 157 (491), 159 (795), 160 (799), 161 (796), 175 (34), 177 (746), 179 (748), 180 (754), 184 (406), 185 (657), 186 (660), 187 (664), 189 (675), 190 (769), 191 (775), 192 (647), 193 (681), 194 (634), 195 (645), 205 (831), 206 (863), 207 (826), 209, 210 (890), 211 (853), 212 (844), 213 (876), 214 (877), 218 (884).

Detta und Michael Petzet, Die Richard Wagner-Bühne Ludwigs II. München 1970, Kat. S. 746 bis 774:
Taf. 68 (133), 69 (10). Abb. 15 (24), 16 (49), 26 (198), 27 (203), 38 (Abb. 737), 41 (103), 45 (113), 46 (160), 63 (Anm. 562), 64 (76), 74 (131), 89 (Anm. 813), 102 (257), 103 (259), 104 (273), 105 (274), 106 (Anm. 1408), 108, 109 (Anm. 1470), 113 (261).

Hans Rall, Michael Petzet, König Ludwig II., München 1968, Verzeichnis der Abbildungen S. 38-44:
2 (7), 3 (3), 5 (6), 6 (4), 10 (26), 22 (24), 23 (12), 24 (27), 50 (8), 56 (9), 57 (10), 98 (55), 100 (44), 137 (66), 138 (67), 168 (43), 176 (52), 221 (74), 222 (75), 223 (73).

Zeittafel

(nach Rall/Petzet)

1845, *25. August:* Prinz Ludwig, der spätere König Ludwig II., in Schloß Nymphenburg als ältester Sohn des Kronprinzen Max und seiner Gattin Marie, geb. Prinzessin v. Preußen, geboren und unter Patenschaft seines Großvaters, des Königs Ludwig I. (regiert 1825-1848, gestorben 1868) auf den Namen Otto Ludwig Friedrich Wilhelm getauft.

1848, *20. März:* König Ludwig I. dankt zugunsten seines Sohnes, nunmehr König Maximilian II., ab; der fast 3jährige Erbprinz Ludwig wird Kronprinz.
27. April: Ludwigs Bruder Otto geboren

1861, *2. Februar:* Der König erlebt als erste Wagner-Oper ›Lohengrin‹

1862, *22. Dezember:* Der Kronprinz besucht als zweite Wagner-Oper ›Tannhäuser‹

1863, *20. September:* Verfassungseid des Volljährigen in Berchtesgaden

1864, *10. März:* König Max II. stirbt, Ludwig II. wird König
4. Mai: Erstes Zusammentreffen mit Richard Wagner
Zwischen 1. August und 4. Dezember holt sich Ludwig II. drei neue Minister; für Kultus Nik. v. Koch, Justiz Eduard v. Bomhard, Äußeres Ludwig Frh. v. der Pfordten

1865, *10. Juni:* Uraufführung des ›Tristan‹ im Hof- und Nationaltheater in München
27. August: Wagner beendet den Entwurf zu ›Parsifal‹, für Ludwig II. ist das Stück »reinste, erhabenste Religion«
11. November: Wagner besucht Ludwig II. für einige Tage in Hohenschwangau
20. Oktober: Ludwig II. reist unter dem Eindruck einer Aufführung des ›Wilhelm Tell‹ zum ersten Mal in die Schweiz
10. Dezember: Richard Wagner muß München verlassen

1866, *28. Februar:* Österreich bereitet Mobilisierung vor – 29. März: Preußen mobilisiert zum Teil – 6. April: Österreich macht Bayerns Vermittlungspolitik zunichte
9. Mai: Ludwig II. will lieber abdanken, als Mobilmachung befehlen
10. Mai: Ludwig II. befiehlt Mobilmachung für den 22. Juni
14. Mai: Pfordten bemüht sich noch einmal um Frieden
22. Mai: Ludwig II. besucht Richard Wagner an dessen Geburtstag in Triebschen in der Schweiz
27. Mai: Ludwig II. eröffnet den ersten Landtag seiner Regierung mit einer Thronrede: »... Noch will Ich die Hoffnung nicht aufgeben, daß das Verderben eines Bürgerkrieges von Deutschland abgewendet werde«
8. Juni: Bayern will Österreich nur helfen, wenn es angegriffen wird
10. Juni: Bismarcks kleindeutsche Verfassungsskizze
16. Juni: Der angegriffene Deutsche Bund beschließt Krieg gegen Preußen
25. Juni: Ludwig II. im bayer. Hauptquartier in Bamberg
27. Juni: Ludwigs I. Bruder Prinz Karl Oberbefehlshaber der süddeutschen Bundestruppen
2. Juli: Ludwig II. ruft das bayerische Volk für die »Erhaltung des gesamten Deutschland als eines freien und mächtigen Ganzen und für die Erhaltung Bayerns als eines selbständigen, würdigen Gliedes des großen deutschen Vaterlandes« auf
3. Juli: Österreich wird bei Königgrätz besiegt
22. August: Bayerns Vertreter schließen ohne die vom König geforderten Garantien den Friedensvertrag und ein Schutz- und Trutzbündnis mit Preußen; darin unterstellt der König von Bayern im Kriegsfall seine Armee dem König von Preußen
31. Dezember: Ludwig II. beruft statt v. der Pfordten Fürst Chlodwig von Hohenlohe-Schillingsfürst als Minister des K. Hauses und des Äußeren und Vorsitzenden im Ministerrat

1867, *22. Januar:* Ludwig II. verlobt sich mit der Tochter Sophie des Herzogs Maximilian in Bayern
31. Mai: Ludwig II. reist auf die Wartburg
20. bis 29. Juli: Ludwig II. reist nach Paris zum Besuch der Weltausstellung und besichtigt mit Napoleon III. Pierrefonds
10. Oktober: Ludwig II. löst seine Verlobung auf

1868, *30. Januar:* Gewerbeordnung, Wehrverfassungsgesetz
21. Juni: Uraufführung der ›Meistersinger‹ im Münchner Hoftheater – Erste Pläne für Neuschwanstein

1869, *5. September:* Grundsteinlegung zu Schloß Neuschwanstein
22. September: Uraufführung von ›Rheingold‹ im Münchner Hoftheater – Erste Pläne und Baubeginn von Linderhof
6. Oktober: Ludwig II. löst die Kammer auf und behält Hohenlohe im Amt
18. Dezember: Königin-Mutter Marie ruft zur Gründung des Bayerischen Frauenvereins (Bayer. Rotes Kreuz) auf, Ludwig II. unterstützt die Gründung
21. Dezember (bis 1. Juni 1890): Lutz Kultusminister

1870, *17. Januar:* Ludwig II. ermahnt in der Thronrede die Parteien zur Versöhnung und hält Hohenlohe weiter im Amt
8. März: Ludwig II. ernennt statt Hohenlohe den Grafen Otto von Bray-Steinburg zum Minister
26. Juni: Uraufführung der ›Walküre‹ im Münchner Hoftheater
14. Juli: Kriegsminister Frh. v. Pranckh erklärt ohne Rückfrage beim König, daß Bayern Preußen bei einem französischen Angriff unterstützen werde
15. Juli: Ministerrat erbittet vom König den Mobilmachungsbefehl
16. Juli: Ludwig II. befiehlt Mobilmachung, gleichzeitig läuft der letzte Friedensvermittlungsversuch Bray-Steinburgs
2. September: Napoleon III. bei Sedan unter Mitwirkung des I. bayer. Armeekorps (Frh. Ludwig v. d. Tann) vernichtend geschlagen
13. September: Ludwig II. gibt Bismarck seine Bereitschaft zu einem Verfassungsbündnis bekannt
20. September: Ludwig II. erhält die von ihm dem Ministerrat aufgetragene deutsche Verfassungsskizze vorgelegt, billigt sie, wünscht aber kein Recht des Bundesoberhaupts, die bayerische Armee zu inspizieren
20. Oktober: Die bevollmächtigten Minister Bray, Lutz und Pranckh reisen nach Versailles
23. November: Sie schließen in Versailles die Verträge ab
30. November: Ludwig II. regt bei König Wilhelm I. v. Preußen Wiederherstellung der deutschen Kaiserwürde und eines Deutschen Reiches an

1871, *18. Januar:* Kaiserproklamation in Versailles
16. April: Verfassung des Reiches, rechtskräftig am 4. Mai 1871
16. Juli: Einzug der bayrischen Truppen unter Kronprinz Friedrich Wilhelm von Preußen in München
31. August bis 2. Juni 1872: Graf Friedrich v. Hegnenberg-Dux Nachfolger Brays

1872, *6. Mai:* Erste »Separatvorstellung« vor dem König
22. Mai: Grundsteinlegung des Festspielhauses in Bayreuth

1873, *25. September:* Die Kabinettskasse erhält erstmals einen außerordentlichen Zuschuß von 300000 Gulden. Am 26. September 1873 kauft Ludwig II. die Insel Herrenwörth im Chiemsee durch Anzahlung von 200000 Gulden

1874, *20. bis 28. August:* Ludwig II. reist nach Paris und Versailles – 12. Okt.: Die Königin-Mutter Marie tritt zur kath. Kirche über

1875, *27. Mai:* Prinz Otto, der seit 10. Mai 1871 ärztlich überwacht wird, gibt in der Frauenkirche zu München Beweise seines krankhaft-verwirrten Zustandes.
22. August: Letzte Große Königsparade auf dem Marsfeld bei München
24. bis 27. August: Reise Ludwigs II. nach Reims

1876, *6. bis 8. und 27. bis 31. August:* Ludwig II. sieht in Bayreuth Richard Wagner wieder. Das Festspielhaus wird mit dem ›Ring der Nibelungen‹ eingeweiht

1877, Seit Ausscheiden des Kabinettssekretärs Lorenz v. Düfflipp gerät die Kabinettskasse immer mehr in Unordnung

1878, *21. Mai:* Grundsteinlegung des Neuen Schlosses Herrenchiemsee

1879, Bismarck unterrichtet den König Ludwig II. über seine Ostpolitik

1880, *4. März:* Adolph v. Pfretzschner, seit 1. Okt. 1872 Minister des K. Hauses und des Äußeren, wird durch Friedrich Krafft Frh. v. Crailsheim ersetzt, Lutz wird Vorsitzender im Ministerrat

1881, *27. Juni bis 14. Juli:* Reise Ludwigs II. mit Josef Kainz in die Schweiz

1883, *13. Februar:* Richard Wagner stirbt in Venedig

1885, Prinz Luitpold und das Ministerium Lutz/Crailsheim treten mit Ludwig II. in die Auseinandersetzung über die zerrüttete Kabinettskasse ein

1886, *26. Januar:* Ludwig II. droht Innenminister Frh. Max v. Feilitzsch, sich zu töten oder das Land zu verlassen, wenn es zu einem »Vergreifen am königlichen Eigentum« käme
8. Juni: Das Gutachten der Ärzte erklärt Ludwig II. für »seelengestört« und verrückt, »unheilbar« und auf Lebenszeit an der Ausübung der Regierung verhindert
9. Juni: Entmündigung Ludwigs II.
10. Juni: Prinz Luitpold übernimmt die Regentschaft – Ludwig II. läßt die Staatskommission, die ihn abholen will, in Neuschwanstein verhaften
12. Juni: Eine zweite Kommission bringt Ludwig II. von Neuschwanstein nach Berg, wo er unter Kontrolle Dr. v. Gudden steht
13. Juni: Ludwig II. findet mit Dr. v. Gudden im Starnberger See den Tod